JN411817

장사의 꿈

거리 컨설턴트가 들려주는 30 가게 성공 마인드 리셋

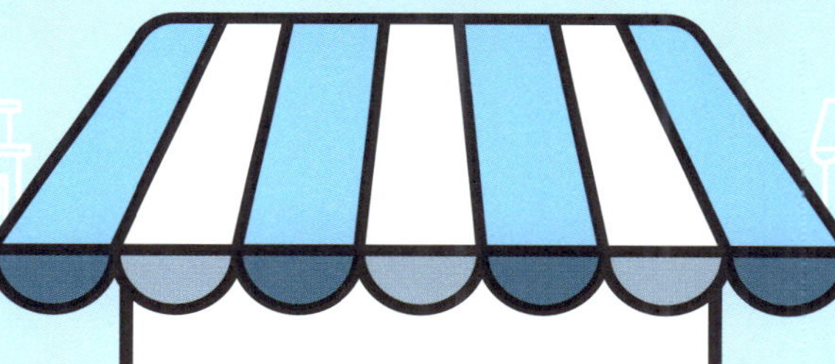

장사의 꿈

김재옥 지음

토파즈

| 프롤로그 |

거리의 경영 컨설턴트와 함께한 '기묘한 동행'

30년을 대형서점에서 근무한 나는 원래 창업과는 거리가 먼 사람이었다. 지인이 고기집이나 횟집을 차리면 찾아가 매상이나 올려주는 평범한 직장인이었다. 그러다가 내게도 명예퇴직이 닥쳐오자 치킨집이라도 해야 하나 조바심이 생겼고 주변을 보는 눈도 달라졌다.

내가 자주 가던 회사 근처 식당들은 소위 대박집들이었다. 맛있다고 소문나서 예약과 웨이팅이 필수였고, 직장인들의 점심 한 끼만으로도 기본 매상을 올리는 가게들이었다.

그런데 창업을 고민하면서 눈에 보이는 식당들은 달랐다. 가게 문을 열었지만 썰렁한 식당, 피크타임에도 손님을 받지 못해 종업원만 서성이는 식당, 아예 문을 닫고 있는 가게들…. 나중에 보니 지인들의 가게 두 곳도 이미 문을 닫았고, 고향 친구도 고깃집을 폐업한 상태였다. 그리고 하루가 멀다 하고 서민경제 불황을 언급하는 보도들…. 용기 없는 나는 감히 창업이란 단어를 입에 올리기도 힘들었다.

대신 나는 장사에 대한 내 관심을 블로그에 끼적이기 시작했다. 소위 '고독한 식객' 입장에서 맛집과 음식장사에 대한 소소한 단상을 썼고, 그러다가 한 인터넷 잡지에 단골 사장님들의 인터뷰를 싣기도 했다.

내가 만난 사장님들은 다들 비슷한 말을 했다. 고생 많이 했습니다, 운이 좋았을 뿐이죠. 손님을 왕으로 모셨습니다…. 거기까지였다. 서점에서 일하면서 접했던 수많은 유명인들의 성공스토리가 그러하듯, 번듯한 가게와 눈부신 성공 신화 뒤에 가려진 그들의 진짜 얼굴은 보이지 않았다.

그러다가 어느 날 문득, 술김에 용기를 내어 짧은 글을 썼다. 제목은 '우리는 왜 진짜 사장님의 이야기를 듣지 못하는가?' 경영 이론이나 포장된 성공 신화 대신 당장 장사가 안 돼 밤잠 설치는 주변 사장님들의 진짜 이야기가 듣고 싶다는 솔직한 심정이었다. 그리고 며칠 후 기이한 메일 한 통이 도착했다.

자신을 '거리의 경영 컨설턴트'라고 소개한 자칭 '유 박사'. 그는 내 글에 깊이 공감한다면서, 자신을 가게 사장님들의 '웃음과 눈물'을 진단하고 처방하는 사람이라고 소개했다. 메일의 첫 문장은 지금도 잊히지 않는다.

"장사의 모든 문제는 결국 사람의 마음가짐에서 비롯됩니다."

나도 모르게 웃음이 났다.

'이 사람은 치열한 생존경쟁인 장사를 경영이 아니라 한가한 '마음의 일'로 말하고 있구나.'

호기심이 생긴 나는 며칠 후 그를 직접 만났다.

유 박사는 내가 상상했던 인물과는 전혀 달랐다. 양복 대신 카키색 점퍼 차림이었고, 손에는 그 흔한 노트북 대신 낡은 수첩이 쥐어져 있었다.

그는 자신이 한때는 관공서와 기업체 쪽에서 이름깨나 날리던 유머학 강사였고, 프랜차이즈 사업까지 했었노라고 고백했다. 하지만 무슨 이유에서인지 지금은 전국의 시장과 골목길을 누비며 '거리의 컨설턴트'로 일한다고.

"장사는 재무제표로 진단할 수 없습니다. 흥하고 망하는 건 돈보다 사람 마음에서 비롯됩니다. 그래서 어느 가게든 먼저 사장님의 웃음과 눈물, 말투와 손짓부터 봅니다."

그는 이론보다 현장을, 계산보다 사람을 보고 있었다. 화려한 자격증 대신 시장통의 온도와 긍정의 힘, 웃음의 힘을 믿는 사람이었다. 그런 그가 내게 거절할 수 없는 제안을 해왔다.

"함께 거리로 나섭시다. 성공한 가게뿐 아니라 문 닫기 직전의 가게까지 다니면서 나는 가게의 현실을 진단·처방하고 작가님은 그 이야기를 기록하는 거죠."

나와 '괴짜 컨설턴트'의 기묘한 동행은 그렇게 시작되었다. 유 박사와 나는 전국의 골목길을 함께 걸으며 성공과 실패의 경계가 얼마나 아슬아슬한지, 고군분투하는 사장님들의 의지가 얼마나 큰 힘을 발휘하는지 배웠다.

이 책은 '돈 버는 기술'을 가르쳐주는 경영서가 아니다. 우리가 방문한 30가게 사장님들의 실제 사례를 통해 고객 중심, 데이터 분석,

스토리텔링, 차별화된 서비스 등을 강조하며 궁극적으로는 돈을 버는 것을 넘어 삶의 의미와 행복을 추구하는 장사의 진정한 의미를 되찾아준다.

삶의 고된 여정에서 고군분투하는 사장님들의 잃어버린 꿈과 재미, 힘든 현실을 극복하고 더 나은 내일의 희망을 되찾기 위한 '길 위의 수업'이다.

차례

Part 1. 장사의 시작

벼랑 끝 가게에게 필요한 기본철학 리셋

Part 2. 성장의 고통

혼자서는 불가능한 시스템 리셋

Part 3. 생존과 전략

경쟁을 이기는 마케팅 리셋

Part 4. 궁극의 가치

돈보다 행복을 버는 의미 리셋

Part 1
장사의 시작

벼랑 끝 가게에게 필요한 기본철학 리셋

정체성, 메뉴, 고객 응대, 원칙 등 기초를 바로 세우는 법
가게의 문을 열기 전에, 그리고 장사가 힘들 때 가장 먼저 점검해야 할
'장사 철학'과 원칙에 관한 이야기

망하기 직전의 동네 백반집

모두를 만족시키려는 '착함'이 가게를 망친다

오늘의 가게

세상에서 가장 성실한 사장님은 왜 망해가는 걸까?

경기도의 한적한 주택가 골목, 나와 유 박사는 낡은 간판 하나를 앞에 두고 서 있었다. 간판에는 붓글씨로 쓴 듯한 '정성백반' 네 글자가 흐릿했고, 창 너머 가게 내부는 점심 피크타임이 지났음을 감안하더라도 이상할 만큼 한산했다.

"유 박사님, 오늘 우리가 찾아갈 첫 번째 가게가 여기 맞습니까? 어쩐지… 기운이 좀 없어 보이는데요."

내 말에 유 박사는 굳이 안을 들여다보지도 않고, 안경을 고쳐 쓰며 나지막이 말했다.

"맞습니다, 작가님. 이곳이야말로 우리 책의 첫 페이지를 장식할 최고의 장소지요. 우리는 여기서 세상에서 가장 성실하고 착한 사장님이, 바로 그 성실함과 착함 때문에 어떻게 가게를 망하게 만드는 지를 목격하게 될 겁니다."

'성실함 때문에 망해간다니?'

나는 고개를 갸웃하며 가게의 문을 열었다.

딸랑, 하는 정겨운 종소리와 함께, 락스 냄새와 된장찌개 냄새가 뒤섞인 묘한 공기가 우리를 맞았다.

사장님의 웃픈 성공기

"손님이 원하면 다 해줘야죠"

가게 주인 김정식(52세, 가명) 사장님은 우리가 상상했던 것보다 훨씬 더 인상이 좋은 사람이었다. 그는 땀으로 축축한 이마를 닦으며, 지친 기색 속에서도 사람 좋은 미소를 잃지 않았다.

우리는 그가 직접 끓여 내온 구수한 보리차를 한 모금 마신 뒤, 조심스럽게 인터뷰를 시작했다.

"사장님, 요즘 장사는 어떠세요?"

내 평범한 질문에, 그의 얼굴에 드리워져 있던 옅은 미소가 걷히고 깊은 한숨이 새어 나왔다.

"말도 마세요. 아주 죽겠습니다. 새벽 5시에 나와서 밤 11시까지, 하루에 18시간을 이 주방에 있는데, 통장에는 빚만 쌓여요. 몸은 몸대로 망가지고, 마음은 마음대로 썩어 들어가고…. 대체 뭘 잘못하고 있는지 도무지 모르겠습니다."

유 박사가 조용히 가게 벽면을 가리켰다. 그곳에는 이 가게의 모든 것을 말해주는 거대한 메뉴판이 붙어 있었다. 김치찌개, 된장찌개, 제육볶음 같은 기본적인 백반 메뉴는 물론이고 돈가스, 오므라이스, 심지어 크림스파게티와 알탕까지. 얼추 40여 개에 달하는 메뉴들이 빼곡하게 적혀 있었다. 마치 동네 도서관의 도서 목록을 보는 듯했다.

유 박사가 안경을 고쳐 쓰고 물었다.

"사장님, 이 메뉴들을 전부 다 직접 하시는 겁니까?"

김 사장님은 당연하다는 듯 고개를 끄덕였다.

"그럼요. 내 주방에서 나가는 음식인데, 내가 해야지."

"혼자 감당하기에는 너무 많지 않습니까?"

"이게 다 사연이 있어요. 처음에는 찌개랑 볶음 몇 가지만 했는데, 옆집 공사하던 인부들이 돈가스를 찾더라고. 그래서 돈가스를 추가했지. 근처 원룸촌 대학생들이 가끔 스파게티를 찾길래, 그것도 메뉴에 넣었어요. 저녁에 술 한잔하는 아저씨들이 알탕이 없다고 서운해하길래 다음 날 바로 수산시장에 가서 알을 떼어왔고…."

그의 얼굴에는 손님의 요구를 하나도 놓치지 않았다는 자부심마저 서려 있었다.

"손님이 왕이잖아요. 손님이 원하는 걸 해줘야 진짜 장사꾼이지. 우리 가게에 와서 '아, 내가 먹고 싶은 게 없네' 하고 발길을 돌리는 손님은 없게 만들고 싶었어요. 그게 내 장사 철학입니다."

그의 말은 너무나 선하고, 또 너무나 안타까웠다. 그는 모든 손님을 만족시키기 위해 메뉴를 하나씩 늘려나갔지만, 그 결과는 처참했다.

첫째, 식자재 관리가 불가능해졌다. 40여 가지 메뉴를 위한 재료를 매일 신선하게 유지한다는 건 불가능했다. 결국 재고는 쌓이고 버려지는 음식물은 늘어만 갔다.

둘째, 음식의 질이 떨어졌다. 혼자서 그 많은 메뉴의 맛을 일정하게 유지한다는 건 신의 영역이었다. 찌개 전문점의 깊은 맛도, 경양식 전문점의 바삭함도 낼 수 없는, 이도 저도 아닌 평범한 맛이 되어버렸다.

셋째, 손님들이 혼란에 빠졌다. 이 가게가 대체 뭘 하는 집인지 알 수 없게 된 것이다. '정성백반'은 결국 아무거나 다 파는, 딱히 특별한 게 없는 집이 되어버렸다.

그는 가장 성실한 요리사였지만 가장 방향성 없는 경영자였다. 그의 모두를 만족시키겠다는 착한 마음이, 역설적으로 아무도 만족시키지 못하는 가게를 만들고 만 것이다.

그는 땀으로 얼룩진 앞치마를 내려다보며 거의 울먹이듯 말했다.

"내 모든 걸 걸었는데… 대체 뭐가 문제일까요, 박사님?"

유 박사의 골목길 우화

숲속의 '모두의 수프'

깊은 숲속에, 마음씨 착한 요리사가 살고 있었다.

그는 숲속 모든 동물을 행복하게 해주고 싶다는 꿈을 안고, 세상에서 가장 맛있는 '버섯 수프'를 끓였다. 향긋한 버섯 수프 냄새에 토끼들이 맨 먼저 달려와 맛있게 먹었다.

그 모습을 본 곰이 다가와 말했다.

"음, 맛있긴 한데… 나는 꿀이 들어갔으면 더 좋겠어."

착한 요리사는 다음 날, 수프에 꿀을 넣었다.

그 다음엔 여우가 찾아와 말했다.

"좀 심심한데? 매콤한 고추를 넣으면 어떨까?"

요리사는 다음 날, 수프에 고추를 듬뿍 넣었다.

사슴도 찾아와 말했다.

"저는 채식주의자라… 당근이랑 배추가 들어가면 좋겠어요."

요리사는 당근과 배추도 넣었다.

그렇게 며칠이 지나자, 요리사의 수프 솥 안에는 꿀과 고추와 당근과 배추와 버섯이 뒤섞인 정체불명의 수프가 끓고 있었다.

그러자 토끼들은 수프가 너무 맵고 달다며 발길을 끊었고, 곰은 야채가 들어간 수프가 싫다며 돌아섰다. 여우는 꿀이 들어간 맛이 이상하다고 불평했다.

결국 요리사의 솥 앞에는 아무도 찾아오지 않았다. 그는 모두를 만족시키려 했지만, 결국 아무도 만족시키지 못한 '모두의 수프'를 끌어안고 홀로 앉아 있었다.

가장 맛있는 수프는 세상 모든 재료를 넣은 수프가 아니라, 자신의 가장 좋은 재료 하나를 믿고 그 맛을 사랑해주는 손님을 위해 정성껏 끓여낸 바로 그 수프였던 것이다.

유 박사의 장사 처방전

김정식 사장님의 문제는 실력이 아니라 철학의 문제입니다. 모든 손님을 만족시키겠다는 착한 마음이 오히려 가게의 정체성을 파괴하고 있습니다. 현실에 대한 과감한 수술이 필요합니다.

처방 1 용감한 메뉴 다이어트를 시작하십시오.

사장님 가게의 메뉴판은 손님을 위한 안내판이 아니라, 사장님의 불안한 마음을 비추는 거울입니다. 메뉴가 많다는 것은 "나는 무얼 잘하는지 나도 잘 모릅니다"라고 광고하는 것과 같습니다.

1단계 (데이터 분석): 지금 당장 한 달간의 판매 데이터를 뽑아보십시오. 어떤 메뉴가 가장 많이 팔리고, 어떤 메뉴가 가장 적게 팔리는지 냉정하게 확인해야 합니다. 숫자는 거짓말을 하지 않습니다.

2단계 (가지치기): 전체 매출의 80%를 책임지는 상위 20%의 '효자 메뉴'만 남기고 나머지는 과감하게 삭제하십시오. 손님들이 "어? 그거 이제 안 해요?"라고 말할까 두렵겠지만, 그 손님은 1년에 한두 번 그 메뉴를 찾을 뿐입니다. 그 한 명 때문에 매일 오는 아홉 명의 만족도를 떨어뜨려선 안 됩니다.

3단계 (선택과 집중): 살아남은 '효자 메뉴' 중에서, 사장님이 가장 자신 있고 가장 이야기하고 싶은 단 하나의 '시그니처 메뉴'를 정하십시오. 그리고 그 메뉴의 완성도를 극한까지 끌어올리는 데 모든 시간과 정성을 쏟으십시오.

처방 2 가게의 이름을 새로 정하십시오.

메뉴 다이어트를 통해 가게의 '몸'을 만들었다면, 이제는 가게의 '혼'을 불어넣을 차례입니다. 손님들이 당신의 가게를 단 한마디로 기억하게 만들어야 합니다.

1) 간판을 바꾸십시오.

'정성백반'이라는 이름은 좋지만, 무엇을 파는 곳인지 명확하지 않습니다. 만약 김치찌개가 시그니처 메뉴라면, 과감하게 간판을 '정성백반: 대한민국 1등 김치찌개를 꿈꾸는 집'으로 바꾸십시오.

2) 스토리를 만드십시오.

왜 당신의 김치찌개가 특별한지, 그 안에 어떤 정성과 이야기가 담겨 있는지 작은 안내판이라도 가게에 붙여두십시오. 당신은 이제부터 아무 백반이 아니라, '김치찌개에 인생을 건' 장인이 되어야 합니다.

오늘의 꿈 한 줄 요약

장사는 잘하고 싶은 마음으로 시작하지만,
대부분은 잘못하고 있다는 두려움 때문에 흔들리기 시작한다.

손님보다 사장이 더 불편한 카페

약점을 인정하고 콘셉트로 승화시키는 용기

오늘의 가게

세상에서 가장 조용한 사장님이 운영하는 어색한 카페

'정성백반'을 떠난 우리는 서울의 한 대학가 좁은 골목길에 숨어있는 작은 카페 앞에 섰다. 간판은 따로 없었다. 그저 낡은 나무 문에 '고요 카페'라는 글자가 새겨져 있을 뿐이었다.

"유 박사님, 이번 가게는… 아주 조용한데요. 혹시 문을 닫은 건 아닐까요?"

내 질문에 유 박사는 빙그레 웃으며 문을 향해 고갯짓을 했다.

"아닙니다, 작가님. 이 고요함이야말로 이 가게의 가장 큰 문제이자, 동시에 가장 위대한 '무기'입니다. 우리는 여기서 손님보다 사장이 더 불편한, 세상에서 가장 어색한 카페가 어떻게 동네의 '명소'가

되었는지를 목격하게 될 겁니다."

'사장이 더 불편한 카페라니?'

나는 호기심을 안고 조심스럽게 출입문을 밀었다.

가게 안은 놀라울 만큼 고요했다. 은은한 커피 향과 나지막한 클래식 음악만이 공간을 채우고 있었고, 서너 개의 테이블에는 손님들이 저마다 책을 읽거나 노트북을 펼치고 자기만의 세계에 빠져 있었다.

문제는 카운터였다. 그곳에는 앳돼 보이는 한 젊은이가, 우리를 보고 반가워하기는커녕 마치 들켜서는 안 될 사람을 만난 것처럼 화들짝 놀라며 시선을 피했다. 그는 어쩔 줄 몰라 하며 거의 기어들어 가는 목소리로 "어… 어서 오세요…"라고 말했다.

그 순간 나는 깨달았다. 이 가게의 어색함은 손님 때문이 아니라, 바로 저 젊은 사장 때문이라고.

사장님의 웃픈 성공기

"어서 오세요, 라는 말이 세상에서 제일 어려웠어요"

'고요 카페'의 주인 박수호(29세, 가명) 사장님은 우리가 만나본 사람 중 가장 내성적이고 수줍음이 많은 사람이었다. 인터뷰 내내 그는 우리의 눈을 제대로 마주치지 못했고, 질문에 답할 때마다 붉어진 얼굴로 손가락만 만지작거렸다.

"저는… 사실 커피가 너무 좋아서 이 일을 시작했어요. 최고의 원두를 찾아서, 한 잔 한 잔 정성껏 내리는 그 순간이 너무 행복해요. 문제는… 제가 커피만 좋아한다는 거였어요. 커피를 팔려면 사람을 만나고, 대화를 해야 한다는 걸 미처 몰랐던 거죠."

그의 이야기는 눈물겨웠다. 그는 손님이 들어올 때마다 심장이 철렁 내려앉았다고 했다. "어서 오세요"라는 평범한 인사말을 하는 데만 수백 번의 연습이 필요했고, 손님이 메뉴에 대해 질문이라도 할까 봐 늘 조마조마했다. 다른 카페 사장님들처럼 손님에게 친근하게 말을 걸고 단골을 만드는 것은, 그에게 에베레스트를 오르는 것만큼이나 어려운 일이었다.

"어느 날은 한 손님이 제게 '사장님은 제가 불편하세요?'라고 묻더라고요. 그 말을 듣는데, 머리를 한 대 얻어맞은 것 같았어요. 제 불안함이 손님들에게 그대로 전염되고 있었던 거예요. 커피는 맛있다고 칭찬해주시는 분들이 많았는데, 다들 제 눈치를 보느라 편하게 머물지 못하고 금방 나가버렸어요. 이 가게는 커피 향이 아니라, 제 어색함으로 가득 찬 공간이었던 거죠."

가게를 접어야겠다고 생각하던 마지막 날 밤, 그는 텅 빈 가게에 홀로 앉아 처음으로 자신의 문제를 똑바로 마주하기 시작했다.

'나는 왜 사람들을 불편하게 만들까?', '나는 어떤 사장이 되고 싶은 걸까?'

그리고 마침내, 그는 아주 중요한 깨달음을 얻었다.

"나는 활달하고 친절한 사장은 될 수 없다. 그렇다면, 그냥 나다운 사장이 되자."

그는 다음 날, 가게 입구에 작은 칠판 하나를 세웠다. 그리고 그 위에 자신의 진심을 담아 서툰 글씨로 이렇게 적었다.

〈사장이 조금 불편한 카페〉

안녕하세요. 저는 이 카페의 주인입니다.

저는 커피를 정말 사랑하지만, 사실 사람은 조금 무서워합니다.

"어서 오세요"라는 말도 아직 어렵고, 손님과 눈을 마주치면 심장이 뛥니다.

그러니 부디, 저를 너무 신경 쓰지 마시고,

세상에서 가장 편안한 자세로,

저의 어색함과 불안함을 마음껏 즐겨주시길 바랍니다.

이곳이, 당신에게는 세상에서 가장 고요하고 편안한 공간이 되었으면 좋겠습니다.

맛있는 커피는, 제가 내걸 수 있는 유일한 약속입니다.

결과는 놀라웠다. 그의 솔직한 고백은 오히려 사람들에게 엄청난 안도감과 호기심을 주었다. 손님들은 더 이상 그의 눈치를 보지 않았다. 오히려 그의 어색함을 이 카페만의 독특한 매력으로 받아들였다. 그의 카페는 불편한 곳이 아니라 억지로 친절하지 않아도 되는, 혼자 조용히 머물고 싶은 사람들이 찾는 특별한 공간으로 재탄생했다.

그는 자신의 가장 큰 약점을, 가장 위대한 강점으로 바꾸는 데 성공한 것이다.

유 박사의 골목길 우화

노래하지 않는 선인장

온갖 아름다운 꽃들이 모여 사는 정원이 있었다. 장미는 화려한 춤을 추었고, 튤립은 우아한 노래를 불렀으며, 백합은 달콤한 향기를 뽐냈다. 벌과 나비들은 늘 그들 주변을 맴돌았다.

하지만 정원 한구석에는, 노래도 춤도 향기도 없는 초록색 선인장이 있었다. 다른 꽃들은 늘 선인장을 비웃었다.

"넌 왜 그렇게 재미가 없니? 넌 우리 정원의 수치야."

선인장은 외로웠고, 자신도 장미처럼 화려하게 피어났으면 좋겠다고 생각했다.

그러던 어느 날, 세상에서 가장 위대한 작곡가가 새로운 영감을 얻기 위해 이 정원을 찾아왔다. 그는 장미의 춤사위와 튤립의 노래를 감상했지만, 어쩐지 마음이 움직이지 않았다.

"너무 시끄럽구나. 모두가 나를 봐달라고 외치고만 있어."

포기하고 돌아서려던 그의 눈에 구석의 선인장이 들어왔다. 그는 선인장 곁에 조용히 앉았다. 그곳에는 아무런 소리도, 움직임도, 향기도 없었다. 오직 완벽한 '고요'만이 존재했다.

그런데 바로 그 고요함 속에서, 작곡가는 지금껏 들어보지 못했던 가장 아름다운 소리를 들었다. 바로 자기 내면의 소리였다.

그는 바로 그 선인장 곁에서 자신의 인생 최고의 걸작을 작곡했다. 선인장의 '아무것도 하지 않음'이 작곡가에게 가장 위대한 영감을 준 것이다.

가장 위대한 힘은 때로 시끄럽게 외치는 것이 아니라, 묵묵히 자신의 자리를 지키는 고요함에서 나온다.

유 박사의 장사 처방전

박수호 사장님의 문제는 내성적인 성격이 아니었습니다. 자신의 성격을 단점이라고 규정하고 그걸 억지로 바꾸려 했던 것이 문제였습니다. 그가 자신의 약점을 인정하고 그것을 콘셉트로 승화시킨 순간 모든 것이 바뀌었습니다. 내성적인 사장님들을 위한 처방전입니다.

처방 1 솔직함으로 무장하고, 약점을 간판으로 내거십시오.

억지로 활발한 척 연기하는 것은 주인도 손님도 모두를 피곤하게 만듭니다. 그 연기는 금방 탄로나고 오히려 진실되지 못한 사람이라는 최악의 인상을 줍니다. 해결책은 솔직함입니다.

커밍아웃 하십시오. 박수호 사장님처럼, 당신이 어떤 사람인지 손님들에게 먼저 솔직하게 고백하십시오. 메뉴판 첫 장에, 혹은 가게 입구 작은 칠판에 당신의 이야기를 적어두세요. "저는 말주변이 없는 대신, 커피에 모든 진심을 담습니다." 이 솔직한 고백은 당신의 약점을 손님들이 이해하고 응원해주고 싶은 인간적인 매력으로 바꾸어 놓을 겁니다.

처방 2 말없는 당신 대신 공간이 말하게 하십시오.

사장님의 접객이 부족하다면 다른 모든 것들이 그 이상으로 친절해야 합니다. 당신의 배려와 센스가 공간 곳곳에서 느껴지게 하십시오.

'혼자를 위한 배려'를 설계하십시오. 혼자 온 손님들이 눈치 보지 않고 편안하게 머물 수 있도록, 1인용 좌석을 가장 좋은 창가 자리에 배치하십시오. 모든 테이블에 휴대폰 충전기를 설치하고, 무릎 담요를 준비해두는 작은 배려가 당신의 열 마디 말보다 더 큰 감동을 줍니다.

'조용한 즐길 거리'를 준비하십시오. 주인의 취향이 담긴 좋은 책 몇 권, 조용한 음악 플레이리스트, 혹은 손님들이 생각을 끄적일 수 있는 작은 메모지와 연필. 이런 것들이 당신의 카페를 단순히 커피 마시는 곳이 아닌 '온전히 나만의 시간을 즐길 수 있는 곳'으로 만들어 줍니다.

처방 3 당신과 같은 결을 가진 직원을 뽑으십시오.

내성적인 사장님이 슈퍼 'E'성향의 직원을 뽑는 것은 재앙이 될 수 있습니다. 사장님은 직원의 넘치는 에너지가 부담스럽고, 직원은 사장님의 조용한 성격이 답답할 수 있습니다.

당신을 이해하는 사람을 찾으십시오. 활발하고 외향적인 사람보다, 당신의 '고요함'이라는 콘셉트를 존중하고 그 결을 함께 지켜나갈 수 있는 차분하고 사려 깊은 직원을 뽑아야 합니다. 당신의 부족함을 채워줄 사람이 아니라, 당신의 강점을 더 빛나게 해줄 사람을 찾아야 합니다.

오늘의 꿈 한 줄 요약

열심히 하지 않는 사장은 드물다.

다만, 무엇을 위해 열심히 하는지는 자주 잊힌다.

맛은 있는데, 아무도 모르는 국숫집

흉내 내지 말고 '진짜 나'를 보여주는 진정성 마케팅

오늘의 가게

스마트폰도 못 쓰는 할머니가 SNS 맛집을 이긴 비결

우리가 찾아간 세 번째 가게는, 지도 앱에도 잘 나오지 않는 오래된 시장의 가장 구석진 곳에 자리 잡고 있었다. 간판이라고 부르기에도 민망한, 나무판에 붓으로 쓴 '할매국수'라는 네 글자가 전부였다.

하지만 놀랍게도 허름한 가게 앞에는 점심시간이 훌쩍 지났음에도 대여섯 명의 사람들이 줄을 서 있었다. 젊은 커플부터 양복 입은 직장인, 등산복 차림의 어르신까지 연령대도 다양했다.

"유 박사님, 겉보기에는 평범한 동네 국숫집인데 어떻게 이렇게 손님이 많죠? SNS에서 유명한 곳인가요?"

유 박사는 고개를 저으며 웃었다.

"작가님, 이 가게의 주인인 박막례 할머니(78세, 가명)는 스마트폰으로 전화 걸고 받는 것 말고는 할 줄 아는 게 아무것도 없습니다. SNS는커녕 인터넷 뱅킹도 못 해서 은행에 직접 가시는 분이죠. 우리는 여기서 돈 한 푼 안 들이고 특별한 기술도 없이, 오직 '사람의 마음'을 움직이는 가장 원초적이고 강력한 마케팅의 비밀을 배우게 될 겁니다."

사장님의 웃픈 성공기

"나는 그냥 나대로 했어"

박막례 할머니의 국수는 소문대로 정말 맛있었다. 멸치를 아낌없이 넣고 푹 끓여낸 진한 국물과 직접 반죽해서 뽑아낸 쫄깃한 면발. 30년 넘게 한자리에서 국수만 말아온 장인의 솜씨가 느껴졌다. 하지만 불과 1년 전만 해도 이 가게는 파리만 날리던 폐업 직전의 가게였다고 했다.

"말도 마. 저 건너편에 삐까번쩍한 파스타집이 들어오고 나서부터 손님이 뚝 끊겼어. 젊은 것들은 다 거기로 가더라고. 나도 이제 나이 먹고 힘들어서 그만둘까 했지."

할머니의 가게를 나락으로 떨어뜨린 것은 새로 생긴 경쟁 가게만이 아니었다. 할머니의 무뚝뚝함도 한몫했다. 수십 년간 시장 상인들을 상대해온 할머니의 말투는 요즘 젊은 손님들이 기대하는 상냥함과는 거리가 멀었다. "어서 오세요" 대신 "왔어?", "뭐 줄까?" 하는 식이었다.

위기를 느낀 아들이 할머니를 위해 가게 살리기 프로젝트에 나섰다. 아들은 최신 마케팅 기법을 총동원했다. SNS에 먹음직스러운 국수 사진을 올리고, '좋아요'를 누르면 음료수를 서비스로 주는 이벤트도 열었다. 심지어 할머니에게 "손님들께 조금만 더 친절하게 웃어주시면 안 돼요?"라고 부탁까지 했다.

하지만 결과는 처참한 실패였다. SNS를 보고 찾아온 젊은 손님들은 할머니의 무뚝뚝한 말투에 실망했고, 이벤트는 복잡해서 참여하는 사람이 없었다. 할머니는 아들에게 버럭 화를 냈다.

"난 그런 거 못 혀! 칠십 평생을 이렇게 살았는데, 이제 와서 간드러지게 웃으라고? 나는 그냥 나대로 혀! 망해도 내가 망하는 거지!"

그날 밤, 아들은 술에 취해 펑펑 울며 가게 마케팅을 포기했다고 한다. 그런데 진짜 기적은 바로 그 포기에서부터 시작되었다.

더 이상 아들의 간섭을 받지 않게 된 할머니는 예전처럼 자기 방식대로 장사를 하기 시작했다. 혼자 와서 국수를 먹는 젊은 총각에게는 "애인도 없이 혼자 밥 먹으면 맛있냐?"라며 툭 쏘아붙이고는, 아무 말 없이 계란 하나를 툭 삶아 그릇에 넣어주었다. 화장이 짙은 아가씨에게는 "그렇게 떡칠하면 갑갑하지도 않냐?"라고 핀잔을 주면서도, "국물 튀면 옷 버려"라며 앞치마를 챙겨주었다.

할머니의 모든 말은 무뚝뚝했지만 그 속에는 따뜻한 정이 담겨 있었다. 이것은 함부로 흉내 낼 수 없는 오직 박막례 할머니만이 가진 '진짜 콘텐츠'였다.

놀라운 일은 그 다음부터 벌어졌다. 손님들이 자발적으로 SNS에 글을 올리기 시작한 것이다. '우리 동네 욕쟁이 할매국수 존맛탱', '츤데레 할머니한테 제대로 혼나고 옴ㅋㅋ' 같은 글들이었다.

손님들은 할머니의 무뚝뚝함과 따뜻함을 '츤데레'라는 새로운 매력으로 재해석했고, 할머니의 가게는 돈 한 푼 안 들이고 젊은이들 사이에서 꼭 가봐야 할 '힙한 성지'가 되었다.

할머니는 아무것도 바꾸지 않았다. 그저 자기 자신을 지켰을 뿐이다. 그리고 그것이 가장 위대한 마케팅이 되었다.

유 박사의 골목길 우화

노래를 부르고 싶었던 당나귀

숲속 동물들은 모두 아름다운 목소리를 가진 꾀꼬리를 사랑했다. 꾀꼬리가 노래를 시작하면 모두가 숨을 죽이고 그 청아한 멜로디에 귀를 기울였다. 그 모습을 멀리서 지켜보던 당나귀는 꾀꼬리가 너무나도 부러웠다.

'나도 저렇게 멋진 노래를 부를 수 있다면, 모두가 나를 사랑해 줄 텐데.'

그날부터 당나귀는 꾀꼬리의 노래를 흉내 내기 시작했다. 고개를 갸우뚱거리며 "히이잉~" 하고 고음을 내보려 했지만, 어색하고 괴상한 소리만 나올 뿐이었다.

숲속 동물들은 당나귀의 노래를 칭찬하기는커녕, "자기답지 않게 왜 저래?"라며 수군거리고 비웃었다. 당나귀는 깊은 슬픔에 빠졌다.

그러던 어느 날, 숲에 폭우가 내려 상인들의 무거운 짐마차가

진흙탕에 빠져버렸다. 힘이 약한 다른 동물들은 그저 발만 동동 구를 뿐이었다.

바로 그때, 슬픔에 잠겨 있던 당나귀가 앞으로 나섰다. 그는 자신의 본분을 떠올리고 있는 힘껏 짐마차를 끌기 시작했다. 그의 단단한 뒷다리 근육이 꿈틀거렸고, "히이힝!" 하는 우렁찬 울음소리와 함께 마차는 마침내 진흙탕에서 빠져나올 수 있었다.

그 모습을 본 숲속 동물들은 당나귀가 어설픈 노래를 부를 때와는 비교도 안 될 만큼 큰 박수와 환호를 보냈다. 동물들은 당나귀의 노래가 아니라 그의 진실된 힘을 사랑했던 것이다.

가장 위대한 매력은 남을 흉내 내는 것에서 나오는 것이 아니라, 자신의 가장 진실된 모습을 있는 그대로 보여줄 때 나온다.

당신의 '히이힝' 소리를 부끄러워하지 마라. 세상은 당신의 그 목소리를 기다리고 있다.

유 박사의 장사 처방전

박막례 할머니는 마케팅의 'M'자도 모르는 분이었지만, 역설적으로 마케팅의 가장 위대한 비밀을 알고 있었습니다. 그것은 바로 '진정성'입니다. 돈 없고 기술 없는 사장님들을 위한, 가장 정직하고 강력한 마케팅 처방전입니다.

처방 1 **흉내 내지 말고 당신의 '진짜'를 보여주십시오.**

손님들은 바보가 아닙니다. 그들은 어설프게 흉내 낸 요즘 스타일과, 수십 년의 세월이 묻어나는 '진짜 스타일'을 금방 구분해냅니다.

못하는 것은 인정하십시오. SNS 관리가 어렵습니까? 사진 찍는 솜씨가 없습니까? 괜찮습니다. 어설프게 꾸미려 하지 마십시오. 차라리 "SNS는 어렵고, 사진은 발로 찍지만, 음식 하나는 자신 있습니다"라고 솔직하게 말하는 것이 훨씬 더 매력적입니다. 당신의 진솔함이 곧 당신의 브랜드가 됩니다.

'잘하는 것'에 집중하십시오. 박막례 할머니의 무기는 구수한 입담이었습니다. 당신의 무기는 무엇입니까? 혹시 손님들의 이름을 기가 막히게 잘 외우십니까? 아니면 매일 아침 가장 신선한 재료를 고르는 데 희열을 느끼십니까? 그것이 바로 당신이 세상에 알려야 할 단 하나의 콘텐츠입니다.

처방 2 **당신의 약점을 가장 강력한 매력으로 바꾸십시오.**

2호점 '고요 카페'의 사장님처럼, 박막례 할머니 역시 자신의 약점을 강점으로 승화시켰습니다. 무뚝뚝함이라는 약점은 따뜻한 속정과 결합하여 '츤데레'라는 대체 불가능한 매력이 되었습니다.

관점을 바꾸십시오. 당신의 가게가 좁습니까? 좁은 가게가 아니라 '아늑한 아지트'라고 말하십시오. 당신의 가게가 외진 곳에 있습니까? 찾기 힘든 곳이 아니라 '아는 사람만 아는 비밀 맛집'이라고 말하십시오. 약점을 어떻게 정의하느냐에 따라 당신 가게의 운명이 달라집니다.

처방 3 **손님이 '스토리텔러'가 되게 만드십시오.**

최고의 마케팅은 내가 떠드는 것이 아니라, 손님이 나에 대해 떠들게 만드는 것입니다. 박막례 할머니는 스스로를 홍보하지 않았습니다. 손님들이 자발적으로 '욕쟁이 할머니'의 이야기를 퍼뜨려주었죠.

'이야깃거리'를 제공하십시오. 손님들이 집에 돌아가서 가족이나 친구에게 "오늘 갔던 가게 진짜 웃겼어"라고 말할 만한 꺼리를 만들어주십시오. 할머니가 계란 하나를 툭 넣어주셨던 것처럼 예상치 못한 작은 서비스나, 기억에 남는 재치 있는 한마디면 충분합니다.

당신의 가게는 음식을 파는 곳이 아니라 경험과 이야기를 파는 곳이 되어야 합니다.

오늘의 꿈 한 줄 요약

장사가 힘든 날, 우리는 가게보다 먼저
자신을 실패한 사람으로 규정해버린다.

쓰레기 없는 반찬가게

가치 소비 시대, 불편함을 브랜드로 만드는 법

오늘의 가게

비닐봉투도 일회용 용기도 없는 '텅 빈' 가게

우리가 도착한 곳은 주택가 근처의 작은 반찬가게 '채움과 비움'이었다.

그런데 이곳은 여느 반찬가게와 풍경이 완전히 달랐다. 쇼케이스 안에는 갓 만든 반찬들이 커다란 스테인리스 통에 가득 담겨 있었지만, 미리 포장된 팩은 단 하나도 없었다. 대신 가게 한쪽 벽면에 손님들이 맡겨둔 각양각색의 반찬 통들이 이름표를 달고 가지런히 놓여 있었다.

"유 박사님, 여긴 장사를 하겠다는 건가요, 말겠다는 건가요? 반찬 통을 직접 가져와야 한다니, 요즘처럼 바쁜 세상에 너무 불편하지 않을까요?"

유 박사는 가게 안으로 들어오는 손님들이 익숙하게 자기 통을 건네는 모습을 보며 고개를 끄덕였다.

"작가님, 그 불편함이 바로 이 가게의 진입장벽이자 프리미엄입니다. 사람들은 이제 배를 채우기 위해서가 아니라, 자신의 가치관을 증명하기 위해 소비하거든요. 이곳은 불편함을 감수하고서라도 지켜야 할 '옳은 가치'를 파는 곳입니다."

사장님의 웃픈 성공기

"처음엔 망하려고 작정했냐는 소리만 들었죠"

사장님 김미소(37세, 가명) 씨는 평범한 주부였다가, 아이들을 위해 건강한 먹거리를 고민하며 이 가게를 열었다. 그녀가 '제로 웨이스트(Zero-waste)'를 선언했을 때, 주변의 반응은 냉담했다.

"처음 석 달은 매일이 전쟁이었어요. 통 없이 오신 손님들께 '저희는 용기가 있어야 판매가 가능합니다'라고 말씀드리면 화를 내며 나가시는 분들이 태반이었죠. '반찬이나 잘 만들지 무슨 환경운동을 하냐'는 비아냥도 들었어요. 매일 밤 남은 반찬을 보며 '내가 너무 고집을 부리나' 싶어 눈물도 많이 흘렸습니다."

하지만 반전은 예상치 못한 곳에서 시작됐다. 환경 문제에 민감한 젊은 층과, 쓰레기 분리수거에 지친 주부들 사이에서 '용기 내서(Bring your container) 사는 가게'로 입소문이 난 것이다. 손님들은 직접 통을 들고 오는 번거로움을 '지구를 지키는 멋진 행동'으로 받아들였고, 자신의 SNS에 인증샷을 올리며 자발적인 홍보대사가 되어주었다.

"이제는 멀리 옆 동네에서도 통을 가방 가득 담아 오세요. 저희 가게는 할인도 없지만, 손님들은 '여기서 사면 마음이 편하다'고 말씀하세요. 저는 이제 반찬만 파는 게 아니라, 손님들의 '죄책감'을 덜어주고 '자부심'을 심어주는 장사를 하고 있습니다."

유 박사의 골목길 우화

임금님의 구멍 난 비단 주머니

옛날 어느 나라의 임금님이 백성들에게 아주 특별한 과업을 지시했다.

"누구든 세상에서 가장 가치 있는 주머니를 만들어 오는 자에게 큰 상을 내리겠노라!"

많은 사람이 화려한 보석을 박거나 금실로 수놓은 화려한 주머니를 가져왔다. 하지만 임금님은 고개를 저었다.

그때, 낡은 옷차림의 한 청년이 구멍이 숭숭 뚫린 성긴 그물주머니를 가져왔다. 사람들은 비웃었다.

"저런 주머니에 무엇을 담겠나? 다 빠져나갈 텐데!"

하지만 청년은 미소 지으며 대답했다.

"폐하, 이 주머니는 귀한 보석을 담기 위한 것이 아닙니다. 숲속에서 길 잃은 어린 새를 담아 옮길 때 숨을 쉴 수 있게 만든 주머니입니다. 또한, 계곡의 맑은 물에 담가두면 물고기는 상하지 않고 신선함을 유지할 수 있지요. 보석을 담는 화려함은 없으나, 생명을 살리는 가치를 담았습니다."

임금님은 아주 기뻐하며 청년에게 큰상을 내렸다.

"아무것도 담지 못할 것 같은 그 구멍들이 오히려 생명을 살리는 통로가 되었구나. 진정한 가치는 겉모습이 아니라 그 속에 담긴 자비로운 의도에 있는 법이지."

모두가 꽉 채워 화려해지려 할 때, 기꺼이 비워내고 불편함을 감수하는 의지가 더 큰 가치를 창조할 수 있다.

유 박사의 장사 처방전

김미소 사장님의 성공은 '가치 소비'라는 거대한 파도를 올라탄 사례입니다. 작은 가게일수록 대형 자본이 흉내 낼 수 없는 선명한 철학이 필요합니다.

처방 1 당신의 불편함을 철학으로 브랜딩 하십시오.

단순히 서비스를 안 해주는 것과, 철학을 위해 생략하는 것은 천지 차이입니다.

왜 일회용품을 쓰지 않는지, 왜 조금 더 비싼 재료를 고집하는지, 가게 곳곳에 그 스토리를 적어두십시오. 고객이 그 이유에 동의하는 순간 불편함은 '나도 기꺼이 동참하고 싶은 멋진 행위'가 됩니다.

처방 2 가치를 공유하는 고객에게 자부심을 선물하십시오.

고객은 당신의 가게에서 물건을 사며 '나는 괜찮은 사람이야'라는 만족감을 얻고 싶어 합니다.

용기를 가져온 분들께 '지구 지킴이 점수'를 주거나, 한 달간 줄인 플라스틱 양을 게시판에 시각화하여 보여주십시오. 고객의 행동이 어떤 결과를 낳았는지 확인시켜 주는 순간 그들은 당신 가게의 열혈 팬이 됩니다.

처방 3 본질이 흔들리면 가치는 위선이 됩니다.

가치 경영에서 가장 위험한 것은 제품의 질이 떨어지는 것입니다.

환경을 생각한다고 해서 반찬이 맛없으면 고객은 다시 오지 않습니다. "반찬도 맛있는데 환경까지 생각하네?"라는 소리를 들어야 합니다. 가치는 덤이고, 본질은 언제나 최고의 상품이어야 합니다.

오늘의 꿀 한 줄 요약

세상은 더 편리한 것을 찾아 흐르지만,

사람의 마음은 더 가치 있는 곳에 머문다.

단골들끼리 싸우는 술집

독이 든 성배를 피하고, 좋은 규칙으로 문화를 지켜라

오늘의 가게

행복한 비명 뒤에 숨겨진 '독이 든 성배'

시계가 자정을 훌쩍 넘긴 시간, 도시의 대부분이 깊은 잠에 빠졌지만 나와 유 박사는 아직도 환하게 불이 켜진 한 술집 앞에 섰다.

가게 이름은 '골목길 아지트'. 유리창 너머로 보이는 가게 안은 왁자지껄한 열기로 가득했다. 늦은 시간임에도 불구하고 서너 개의 테이블이 손님들로 차 있었고, 그들은 마치 자기 집 거실에 있는 것처럼 편안해 보였다.

"유 박사님, 이 가게는 겉보기엔 장사가 아주 잘 되는 것 같은데요? 프랜차이즈도 아닌 작은 가게가 이 시간까지 손님으로 꽉 차 있다는 건 대단한 일입니다."

내 말에 유 박사는 웃음기 없는 얼굴로 가게 안을 응시했다.

"작가님, 장사에서 가장 무서운 적은 손님이 없는 것이 아닙니다. 때로는 '잘못된 단골'이 가게를 통째로 무너뜨리기도 하죠. 우리는 여기서, 단골이라는 이름의 '독이 든 성배'를 매일 밤 마시고 있는 한 젊은 사장님을 만나게 될 겁니다."

독이 든 성배라니? 유 박사의 의미심장한 말을 곱씹으며, 우리는 가게 안으로 들어섰다.

사장님의 웃픈 성공기

"저는 사장이 아니라 포로입니다"

'골목길 아지트'의 주인, 최민준(34세, 가명) 사장님은 앳되고 선한 인상을 가진 청년이었다. 그는 분주하게 몸을 움직이면서도 단골손님들의 농담을 살갑게 받아주고 있었다. 그래서 언뜻 보기에는 가게를 완벽하게 통제하고 있는 유능한 사장처럼 보였다.

하지만 손님들이 모두 떠난 새벽 2시, 그의 얼굴에는 깊은 피로와 고뇌가 드리워져 있었다. 그는 우리 앞에 소주잔을 놓으며, 길고 긴 한숨과 함께 자신의 이야기를 시작했다.

"사람들은 제가 장사를 잘한다고 말해요. 늘 단골들로 북적이니까요. 하지만 솔직히 말하면, 저는 제 가게의 사장이 아니라 단골들의 '포로'입니다."

그의 가게는, 그가 꿈꾸던 '모두가 친구가 되는 아지트'를 만드는 데는 성공했다. 문제는 그 친구들이 서로를 미워하기 시작했다는 점이다.

“가게에는 크게 두 그룹의 단골이 있어요. 한쪽은 50대 아저씨들, 다른 한쪽은 20대 대학생들이죠. 처음에는 잘 지내는 것 같았는데, 시간이 지날수록 서로를 혐오하기 시작하더라고요. 아저씨들은 대학생들이 너무 시끄럽다고 하고, 대학생들은 아저씨들이 트는 옛날 노래가 촌스럽다고 하고…. 가게에 틀어놓은 TV 채널을 두고 리모컨 쟁탈전을 벌인 적도 있습니다.”

그는 이 문제를 해결하기 위해 양쪽 모두에게 쩔쩔매고 있었다. 아저씨들에게 서비스 안주를 주며 달래고, 학생들에게는 신청곡을 틀어주며 비위를 맞췄다.

하지만 그럴수록 상황은 악화되었다. 단골들은 점점 더 자기 집처럼 행동했고, 그들의 텃새와 불편한 기운에 새로운 손님들은 발을 붙이지 못했다. 가게는 더 이상 성장하지 못하고 그들만의 고인 물이 되어 썩어가고 있었다.

유 박사가 조용히 물었다.

“규칙을 정하면 되지 않습니까? 사장으로서, 가게의 질서를 해치는 행동을 제지할 권리가 있는데요.”

하지만 최 사장님의 대답에서, 나는 ‘독이 든 성배’의 진짜 의미를 깨달았다.

“무서워서요. 저 단골들이 제 가게 매출의 80%를 책임집니다. 제가 처음 가게를 열었을 때, 아무도 찾아오지 않던 시절부터 저를 먹여 살려준 고마운 분들이에요. 제가 싫은 소리를 했다가 그분들이 모두 떠나버리면… 당장 다음 달 월세를 낼 수가 없어요.”

그는 단골이라는 안정적인 매출(성배)을 얻는 대가로, 가게의 주도권과 새로운 성장의 가능성(독)을 포기하고 있었던 것이다. 그의 친절함과 의리가 오히려 자신의 발목을 잡는 족쇄가 되어버렸다.

"그들은 저를 동생 같고 아들 같다고 말하지만, 저는 가끔 제가 돈 때문에 억지웃음을 파는 감정노동자처럼 느껴집니다. 이 단골들을 내보내지도 못하는 이 상황에서, 저는 대체 어떻게 해야 할까요?"

유 박사의 골목길 우화

모두를 사랑한 떡갈나무

들판 한가운데에 아주 마음씨 좋은 떡갈나무가 있었다. 그는 자신의 시원한 그늘을 모든 동물에게 아무 조건 없이 나눠주었다. "나의 그늘은 모두의 것입니다"라고 선언하면서.

처음에는 모든 것이 평화로웠다. 하지만 곧 문제가 생기기 시작했다. 밤에 활동하는 늑대들은 밤새 시끄럽게 울부짖으며 파티를 벌였고, 그 때문에 낮잠을 자야 하는 다람쥐들이 고통받았다. 덩치 큰 곰들은 나무 기둥에 등을 긁어대며 새들의 둥지를 마구 흔들어댔다. 토끼들은 늑대가 무섭다고 불평했고, 늑대들은 토끼가 귀찮다고 으르렁댔다.

떡갈나무는 모두를 사랑했기에, 아무런 규칙도 만들지 않았다. 그 결과, 조용하고 온순한 동물들은 그곳을 떠나기 시작했고, 머지않아 떡갈나무 그늘 아래에는 가장 목소리가 크고 가장 이기적인 동물들만 남게 되었다. 그들은 서로를 향해 으르렁대며 싸웠고 떡갈나무의 뿌리를 파헤치고 가지를 부러뜨렸다. 모두를 위한 안식처를 꿈꾸었던 떡갈나무의 그늘은 결국 아무도 행복하지 않은 혼돈의 장소가 되어버렸다.

진정한 아지트는 규칙이 없는 공간이 아니라, 그 공동체를 지키는 '좋은 규칙'이 있는 공간이다. 가장 위대한 환대는 모두를 받아들이는 것이 아니라, 당신의 가치를 공유하는 사람들을 위한 안전한 울타리가 돼주는 것이다.

유 박사의 장사 처방전

최민준 사장님은 착한 사람이었지만, '좋은 사장'은 아니었습니다. 좋은 사장은 손님에게 끌려다니는 사람이 아니라, 자신이 만든 공간의 문화를 책임지고 이끌어가는 사람입니다. 사장님이 포로에서 벗어나, 가게의 진정한 주인이 되기 위한 처방전입니다.

처방 1 두려움을 숫자로 직시하고 '독'의 비용을 계산하십시오.

사장님은 단골들이 떠나면 망한다는 막연한 두려움에 사로잡혀 있습니다. 그 두려움의 실체를 숫자로 확인해야 합니다.

'독'의 비용. 즉 그 단골들 때문에 가게를 그냥 나가버린 신규 손님은 몇 명입니까? 그들이 다시 오지 않음으로써 발생하는 미래의 손실은 얼마입니까? 그들의 텃새 때문에 직원들이 스트레스받고 그만둔다면, 새로운 직원을 뽑고 교육하는 데 드는 비용은 얼마입니까?

'성배'의 가치. 반대로, 그 단골들이 주는 매출의 정확한 액수는 얼마입니까? 독의 비용과 성배의 가치를 냉정하게 비교해보십시오. 아마 사장님의 두려움이 실제보다 훨씬 더 부풀려져 있다는 사실을 깨닫게 될 겁니다.

처방 2 당신의 '법전'을 만들어 유머러스하게 선포하십시오.

가게는 사장님의 왕국입니다. 왕국에는 법이 필요합니다. 공격적인 '경고문'이 아니라, 모두가 기분 좋게 동의할 수 있는 위트 있는 '헌법'을 만드십시오.

가게 헌법 예시: 〈골목길 아지트 헌법〉

제1조. 모든 단골은 신규 손님을 미래의 단골이 될 동생처럼 아낀다. (텃새 금지)

제2조. TV 리모컨의 소유권 및 채널 선택권은 오직 사장님에게 있다.

제3조. 과도한 정치, 종교 이야기는 안주 맛을 떨어뜨릴 수 있으므로 자제한다.

이 헌법을 가장 잘 보이는 곳에 붙여두십시오. 이것은 특정 손님을 저격하는 것이 아니라, 우리 가게는 이런 즐거운 문화를 가진 곳이라고 모두에게 선포하는 깃발이 될 겁니다.

처방 3 '좋은 손님'을 공개적으로 편애하십시오.

규칙을 만들었다면, 그 규칙을 잘 지키는 사람에게는 '상'을, 어기는 사람에게는 '벌'을 내려야 합니다.

이렇게 하십시오. 새로운 손님에게 유독 친절하게 대하고, 작은 서비스 안주라도 하나 더 챙겨주십시오. 그 모습을 기존 단골들이 보게 하십시오. 좋은 분위기를 만드는 손님에게는 "사장님 덕분에 오늘 가게 분위기가 사네요"라며 칭찬과 함께 음료수 한 병을 서비스하십시오. 그렇게 하면 사람들은 어떤 행동이 이 가게에서 사랑받는 행동인지 자연스럽게 학습하게 됩니다.

사장님은 더 이상 개개인의 비위를 맞추는 사람이 아니라, 가게의 좋은 문화를 가꾸는 '커뮤니티 매니저'가 되는 것입니다.

오늘의 꿈 한 줄 요약

사장은 늘 괜찮은 척을 배운다.
그래서 가장 늦게 무너진다.

청년 사장의 편집숍

자신만의 경험을 엮어 세상에 단 하나뿐인 이야기를 팔아라

오늘의 가게

세상 모든 골목을 담은 이상한 가게

오후 2시, 나른한 햇살이 비추는 대학가 뒷골목. 우리는 지도 앱에도 잘 나오지 않는 작은 가게 앞에 섰다. 간판은 없었다. 대신 낡은 나무 입간판에 분필로 삐뚤빼뚤하게 쓴 글씨가 눈에 들어왔다. '지구별 상점: 사장이 여행하다 모셔온 것들'.

가게 안은 마치 오래된 다락방 같았다. 인도에서 가져온 듯한 알록달록한 천 조각, 유럽 벼룩시장에서 건져 올린 낡은 찻잔 세트, 남미의 어느 이름 모를 장인이 만들었을 법한 투박한 나무 인형까지. 일관성이라고는 찾아볼 수 없는 물건들이 주인의 독특한 감각으로 오밀조밀하게 진열되어 있었다. 그래서 이곳은 물건을 파는 가게라기보다는 한 청춘의 '여행 박물관'처럼 느껴졌다.

"유 박사님, 여긴… 정말 독특하네요. 그런데 이런 가게가 장사가 될까요? 요즘 젊은이들은 다 인터넷으로 최저가를 검색해서 사지 않나요?"

유 박사는 먼지 쌓인 지구본을 빙글 돌리며 대답했다.

"작가님, 요즘 시대에 오히려 이런 가게가 필요합니다. 모든 것이 똑같아지는 세상에서, 사람들은 오히려 자신만의 진짜 이야기가 담긴 것을 갈망하거든요. 우리는 여기서 돈도 없고 경험도 없지만, 세상에 대한 호기심과 자신만의 이야기 하나로 기적을 만들어가는 한 젊은 사장님을 만나게 될 겁니다."

사장님의 웃픈 성공기

"제 전 재산은 낡은 배낭 하나였습니다"

'지구별 상점'의 주인 이지혜(28세, 가명) 씨는 대학 졸업 후 취직 대신 배낭 하나 메고 2년간 세계를 떠돌았다. 그녀의 부모님은 정신 차리고 남들처럼 살라고 걱정했지만, 그녀는 세상의 골목골목을 누비며 돈으로는 살 수 없는 경험들을 모았다. 그리고 한국에 돌아와 그 경험들을 밑천 삼아 덜컥 이 작은 가게를 열었다.

"다들 미쳤다고 했죠. 모아둔 돈도 거의 없었고, 장사 경험은 아르바이트가 전부였으니까요. 제가 가진 거라고는 여행하면서 사 모은 이 잡동사니들과, 나만의 가게를 갖고 싶다는 막연한 꿈뿐이었어요."

그녀의 시작은 처참했다. '예쁜 쓰레기'만 가득한 가게에 손님은 거의 들지 않았다. 월세 낼 날은 다가오고 통장 잔고는 바닥을 드러냈다. 그녀는 밤마다 '내가 정말 미친 짓을 한 걸까?' 후회하며 눈물지었다고 했다.

"가장 힘들었던 건, 뭘 팔아야 할지 저조차도 모른다는 거였어요. 저는 그냥 제가 좋아하는 것들을 가져다 놓았을 뿐, 이게 과연 다른 사람들에게도 가치가 있을지 자신이 없었어요. '내가 좋다고 다 좋은 건 아니구나' 하는 현실을 깨달았죠."

그렇게 포기 직전의 어느 날, 비를 피해 가게에 들어온 한 할머니 손님이 그녀의 운명을 바꾸었다. 할머니는 가게 구석에 놓인, 페루에서 사 온 낡은 알파카 털실 뭉치를 한참 동안 바라보았다.

"아가씨, 이 털실 참 곱네. 이걸로 우리 손주 목도리 하나 떠주면 딱 좋겠구먼."

"할머니, 이건 그냥 제가 여행 기념으로 사 온 건데요… 파는 물건이 아니에요."

"알아. 근데 그냥 보기만 하기엔 너무 아까워서 그래. 혹시 이걸로 목도리 뜨는 법, 나한테 좀 가르쳐 줄 수 있나?"

그 순간 지혜 씨는 머릿속에 번개가 치는 것을 느꼈다.

'나는 물건을 파는 사람이 아니라, 물건에 담긴 이야기와 경험을 파는 사람이 돼야 하는구나!'

그녀는 그날부터 가게의 콘셉트를 완전히 바꾸었다. 단순히 물건을 진열하는 대신, 모든 물건 옆에 그 물건을 발견했던 여행지의 사진과 짧은 이야기를 곁들였다. 그리고 매주 주말, '인도 짜이 만들기 클래스', '유럽 벼룩시장 빈티지 감별법', '남미 뜨개질 배우기' 같은 소규

모 워크숍을 열기 시작했다.

그녀는 더 이상 물건을 팔지 않았다. 대신 자신의 경험과 이야기를 팔았다. 그리고 사람들은 그 어떤 명품 브랜드에서도 살 수 없는 그녀만의 이야기에 열광하기 시작했다.

그녀의 가게는 단순한 편집숍을 넘어, 여행을 꿈꾸고 새로운 문화를 경험하고 싶은 사람들이 모여드는 '작은 지구촌 커뮤니티'가 되었다.

유 박사의 골목길 우화

보물섬을 찾아 떠난 세 친구

세 친구가 보물섬 지도를 발견하고 함께 배를 타고 떠났다.

첫 번째 친구는 선장이었다. 그는 지도를 정확히 읽고 가장 빠른 항로를 계산하며 배를 몰았다.

두 번째 친구는 갑판원이었다. 그는 튼튼한 체력으로 돛을 올리고, 닻을 내리며 궂은일을 도맡아 했다.

세 번째 친구는 음악가였다. 그는 항해술도, 힘도 없었지만, 매일 밤 아름다운 노래로 선원들의 지친 마음을 위로해주었다.

마침내 보물섬에 도착했지만, 그들을 기다린 것은 황금이 아니라 거센 폭풍우였다.

그들이 좌절하고 있을 때, 섬의 원주민들이 나타났다.

원주민들은 황금에는 관심이 없었다. 대신에 그들은 음악가의 노래에 완전히 매료되었다. 원주민들은 음악가의 노래를 듣는 대가로, 세 친구에게 섬에서 가장 귀한 진주와 식량을 기꺼이 내어 주었다.

가장 위대한 보물은 때로 가장 쓸모없어 보이는 사람의 주머니 속에 숨겨져 있다.

유 박사의 장사 처방전

이지혜 사장님의 성공은, 경험이야말로 최고의 자본임을 증명합니다. 돈 없고 빽 없는 청년 창업가들을 위한, 가장 희망적인 처방전입니다.

처방 1 당신의 '쓸모없어 보이는' 경험 속에 숨겨진 가치를 발견하십시오.

당신이 남들과 다르다는 것은 약점이 아니라 가장 강력한 무기입니다.

'나만의 경험 지도'를 그리십시오. 당신이 열정적으로 몰입했던 경험은 무엇입니까? 남들이 보기엔 별것 아니었을지 몰라도, 당신의 심장을 뛰게 했던 순간들을 모두 적어보십시오. (예를 들어 1년간의 게임 폐인 생활, 아이돌 덕질 경험, 시골 할머니 댁에서의 여름 방학) 그 경험 속에서 당신만이 줄 수 있는 독특한 가치를 찾아내십시오. 게임 폐인이었기에 누구보다 게이머의 마음을 잘 아는 PC방 사장님이 될 수 있습니다.

'덕후'를 부끄러워하지 마십시오. 당신의 깊은 '덕력'은 돈 주고도 살 수 없는 전문성입니다. 당신의 취향을 전면에 내세우고, 당신과 같은 취향을 가진 사람들을 위한 '성지'를 만드십시오. 좁지만 깊은 팬덤은 넓지만 얕은 대중보다 훨씬 강력한 힘을 발휘합니다.

처방 2 상품이 아닌 경험과 커뮤니티를 파십시오.

물건은 온라인에서 더 싸게 살 수 있습니다. 사람들이 당신의 가게에 와야만 하는 이유를 만들어야 합니다.

가게를 놀이터로 만드십시오. 이지혜 사장님의 워크숍처럼, 당신의 경험과 지식을 나눌 수 있는 작은 모임이나 이벤트를 기획하십시오. 손님들이 단순히 물건을 사는 것을 넘어 당신의 가게에서 즐거운 시간과 관계를 경험하게 만드십시오.

손님을 파트너로 만드십시오. 당신의 가게 운영에 손님들을 참여시키십시오. 신메뉴 개발 투표를 하거나, 가게 인테리어에 대한 아이디어를 구하십시오. 손님들은 당신의 가게를 '나의 가게'처럼 느끼며 더 깊은 애정을 갖게 될 것입니다.

처방 3 당신의 스토리를 강력한 마케팅 무기로 삼으십시오.

자본이 부족한 청년 사장님에게 SNS는 가장 강력하고 공평한 무기입니다.

결과가 아닌 과정을 공유하십시오. 완벽하게 세팅된 제품 사진만 올리지 마십시오. 당신이 이 가게를 열기까지의 좌충우돌 스토리, 새로운 물건을 찾아 헤매는 과정, 실수하고 배우는 모습까지 진솔하게 공유하십시오. 사람들은 완벽한 결과보다 당신의 인간적인 '여정'에 더 깊이 공감하고 응원하게 됩니다.

오늘의 꿈 한 줄 요약

처음의 꿈은 사라진 것이 아니라,

지킬 여유를 잃었을 뿐이다.

지방 소도시의 전국구 인싸 성지

로컬의 한계를 깨는 데스티네이션 마케팅

오늘의 가게

내비게이션 없이는 절대 못 찾는 폐가 옆 카페

우리가 찾아간 곳은 강원도의 어느 한적한 산골 마을이었다.

버스도 하루에 세 번밖에 오지 않고, 주변에는 낡은 폐가와 논밭뿐인 이곳에 유독 반짝이는 건물 하나가 서 있었다. 가게 이름은 '산골의 기록'. 간판도 손바닥만 한데, 주차장에는 서울, 경기, 충청 등 전국 각지의 번호판을 단 차들이 가득했다.

"여긴 정말… 일부러 오지 않으면 절대 못 올 곳이네요. 그런데 사람들이 이 먼 곳까지 찾아와 줄을 선다니, 믿기지 않습니다."

내 말에 유 박사가 카페 마당에 펼쳐진 고즈넉한 풍경을 보며 미소 지었다.

"작가님, 이제 '목이 좋은 곳'의 정의가 바뀌고 있습니다. 예전엔 유동 인구가 많은 곳이 명당이었지만, 지금은 '가야 할 이유가 분명한 곳'이 명당이죠. 우린 여기서 로컬의 결핍을 가장 강력한 무기로 바꾼 청년 사장의 '경험 설계'를 만나게 될 겁니다."

사장님의 웃픈 성공기

"망할 곳이라서 선택했습니다"

'산골의 기록' 사장 한지민(34세, 가명) 씨는 서울의 대형 광고기획사를 그만두고 아무 연고도 없는 이 시골로 내려왔다. 사람들은 다들 미쳤다고 했다. 하지만 그녀의 생각은 달랐다.

"서울에서는 아무리 잘해도 수많은 카페 중 하나일 뿐이었죠. 하지만 이 황량한 시골에서는 제가 무엇을 하든 유일한 것이 될 수 있다고 믿었어요. 저는 이곳의 지리적 불편함을 '낭만'으로, 적막함을 '치유'로 브랜딩하기로 했어요."

지민 씨는 단순히 커피를 파는 게 아니었다. 그녀는 이 한적한 곳에서만 가능한 '시간'을 팔았다.

핸드폰을 맡기면 직접 구운 감자와 함께 필사 노트를 빌려주는 '디지털 디톡스' 패키지를 만들었고, 마을 어르신들이 직접 농사지어 짠 들기름을 활용한 '들기름 라테'를 시그니처 메뉴로 내놓았다.

"처음엔 마을 분들이 '뭐 저런 걸 돈 주고 사 먹나' 하셨죠. 하지만 SNS를 타고 '서울에서 3시간 달려가서 멍 때리고 오는 곳'으로 입소문이 나면서 기적이 시작됐어요. 이제 손님들은 이곳에 오기 위해 휴가를 내고, 기름값을 아까워하지 않습니다. 접근성이 나쁘다는 건 반대로 이곳에 도착했을 때의 성취감이 그만큼 크다는 뜻이기도 하니까요."

유 박사의 골목길 우화

사막의 등대지기와 신기루 상인

옛날 아주 먼 옛날, 끝이 보이지 않는 거대한 모래 바다 '침묵의 사막' 한가운데에 한 노인이 살고 있었다. 노인은 아무도 오지 않는 사막 꼭대기에 커다란 돌들을 쌓아 올리기 시작했다. 거대한 돌탑을 쌓아 등대를 세우기 위해서였다. 사람들은 지나가며 비웃었다.

"영감님, 정신이 나갔구려! 여긴 배 한 척 보이지 않는 메마른 사막인데, 대체 왜 등대를 만들어요? 바다가 없는데 등대가 무슨 소용이란 말이오?"

노인은 갈라진 손등을 훔치며 묵묵히 대답했다.

"바다가 없으니 등대를 세우는 것일세. 바다가 있는 곳엔 배라도 지나가지만, 바다가 없는 이곳엔 길 잃은 영혼들만 떠돌고 있지 않은가. 나는 그들이 쉬어갈 '좌표'를 만드는 중이라네."

노인은 십년 가까이 돌탑을 쌓아 마침내 거대한 등대를 완성했다. 그리고 매일 밤, 사막에서 나는 기름을 태워 등대 꼭대기에 환한 불을 밝혔다. 처음 몇 년 동안은 아무 일도 일어나지 않았다. 사람들은 노인을 '신기루를 쫓는 미치광이'라고 불렀다.

그러던 어느 날, 기록적인 모래 폭풍이 사막을 덮쳤다. 방향을 알려주던 별빛조차 가려진 칠흑 같은 어둠 속에서, 거대한 상단(商團)이 길을 잃고 죽음의 문턱에 다다랐다. 그때, 지평선 너머에서 희미하게 깜빡이는 주황색 불빛 하나가 보였다.

"저기다! 저곳에 가면 살 수 있다!"

상인들은 오직 그 불빛 하나만을 이정표 삼아 사막을 가로질렀다.

마침내 등대 밑에 도착한 그들은 노인이 미리 파둔 깊은 우물물로 목을 축였고, 등대 그늘 아래서 목숨을 구했다. 그리고 이 소문은 바람을 타고 전 사막으로 퍼져나갔다.

"침묵의 사막 한가운데, 길을 잃어도 결코 죽지 않는 '빛의 기둥'이 있다더라."

그날 이후, 등대는 더 이상 외롭지 않았다. 여행자들은 등대를 중심으로 경로를 다시 그렸고, 상인들은 그곳을 만남의 장소로 정했다. 등대 주변에는 천막이 들어서고 시장이 열렸으며, 마침내 사막에서 가장 풍요로운 오아시스 도시가 건설되었다.

사람들은 더 이상 노인을 미치광이라 부르지 않았다. 대신 그를 '세상의 중심을 만든 자'라고 칭송했다.

노인은 죽기 전 제자에게 이런 말을 남겼다.

"배가 있어서 등대가 있는 게 아니란다. 등대가 있으면 그곳으로 배가 모여들고, 곧 그곳이 바다가 되는 법이지. 장사도 마찬가지란다. 사람이 많은 곳을 찾아가는 건 '장사꾼'이지만, 사람이 올

수박에 없는 빛을 만드는 건 '대가(大家)'라네."

당신의 가게가 아무리 척박한 사막 한가운데 있다 해도 실망하지 마라. 당신의 빛이 충분히 강렬하다면 고객은 스스로 길을 만들어 당신을 찾아올 것이고, 당신이 서 있는 그 자리가 곧 세상의 중심이 될 수 있을 것이니.

유 박사의 장사 처방전

한지민 사장님의 성공은 '로컬 비즈니스'의 새로운 문법을 보여줍니다. 지리적 한계에 갇힌 모든 소상공인을 위한 처방전입니다.

처방 1 '찾아오는 팬'을 만드십시오.

목이 나쁘다고 한탄하지 마십시오. 오히려 그 나쁜 입지를 활용해 '은밀한 아지트'나 '특별한 성지'로 브랜딩 하십시오.

데스티네이션 마케팅(Destination Marketing), 당신의 가게를 찾아와야만 하는 '단 하나의 이유'를 만드십시오. 그게 특이한 메뉴든, 독보적인 풍경이든, 사장님과의 대화든 상관없습니다. 온라인으로 살 수 없는 특별한 경험이 있다면 고객은 지구 끝까지라도 찾아갑니다.

처방 2 로컬의 결핍을 '힙함'으로 재해석하십시오.

시골의 낡은 창고, 투박한 사투리, 불편한 교통… 이 모든 것은 도시 사람들에게는 매력적인 콘텐츠가 됩니다.

로컬다움이 가장 세계적인 것입니다. 지역 특산물을 현대적으로 재해석하거나, 그 동네만의 이야기를 메뉴판에 담으십시오. 촌스러운 것이 아니라 '클래식한 것', 불편한 것이 아니라 '느림의 미학'으로 정의하십시오. 고객은 당신이 정의한 가치를 구매합니다.

처방 3 온라인을 '확성기'가 아닌 '초대장'으로 활용하십시오.

단순히 가게 사진을 올리는 것에서 벗어나, 당신의 르컬 라이프를 공유하십시오.

스토리텔링의 힘은 막강합니다. 오늘 아침 이웃 할머니가 주신 채소 이야기, 계절에 따라 변하는 마을 풍경 등을 공유하며 고객과 정서적 유대감을 쌓으십시오. 고객이 SNS를 보며 "나도 저 풍경 속에 있고 싶다"는 생각이 들게 만드는 것이 최고의 온라인 마케팅입니다.

오늘의 꿀 한 줄 요약

가장 구석진 곳에 있어도 빛이 강렬하면 사람들은 모여든다.
장소 탓을 하기 전에 당신의 빛이 충분히 밝은지 부터 점검하라.

| PART 1 | 정리 노트

벼랑 끝 가게에게 필요한 기본 철학 리셋

가게가 벼랑 끝에 서 있다는 느낌은 대개 실제 상황보다 먼저 찾아온다.

아직 가게 문은 열고 있고, 찾아오는 손님이 있고, 아직 버틸 힘은 남아 있다. 그런데도 사장은 '이제 끝일지도 모른다'는 생각을 혼자서 몇 번이나 반복한다.

이 단계에서 가장 위험한 것은 매출이 아니라 판단의 순서다.

대부분의 사장들은 이때 이렇게 생각한다. 무엇을 바꿔야 할까? 무엇을 더 해야 할까? 무엇을 줄여야 할까?

하지만 벼랑 끝에 선 가게에게 가장 먼저 필요한 것은 행동이 아니라 정리다.

장사의 시작에는 늘 꿈이 있다. 돈을 벌고 싶다는 꿈, 자유로워지고 싶다는 꿈, 내 이름을 건 무언가를 만들고 싶다는 꿈.

그 꿈은 대부분 틀리지 않았다. 다만, 시간이 흐르며 그 꿈 위에 너무 많은 의미가 얹혔을 뿐이다.

가게가 잘되면 증명되는 사람이고, 가게가 흔들리면 실패한 인생이 되는 구조. 이 지점에서 장사는 사업이 아니라 자기 평가의 도구로 변한다.

PART 1의 가게들이 흔들린 이유는 능력이 부족해서가 아니다. 노력이 없어서도 아니다. 그들은 모두 자기 삶 전체를 가게 하나에 걸어버린 사람들이었다. 벼랑 끝 가게에게 필요한 첫 번째 리셋은 "이 가게가 나의 전부인가?"라는 질문이다.

가게는 삶의 일부여야지 삶의 판결문이 되어서는 안 된다. 이 구분이 무너지면 사장은 판단을 하지 못한다. 모든 선택이 두려워지고 모든 결과가 자기 부정으로 돌아온다.

그래서 장사의 기본 철학은 매출 이전에 '거리 두기'다. 도망치라는 말이 아니라, 냉정하게 객관적으로 보라는 것이다.

이 PART의 가게들에는 공통된 특징이 하나 더 있다. 모두 '잘하려고' 애썼다는 점이다. 문제는 잘하려는 마음이 언제부터인가 자기를 몰아붙이는 채찍으로 바뀌어 있었다는 사실이다.

장사는 원래 불완전한 일이다. 정답이 없고, 어제의 성공이 오늘의 실패가 되며, 열심히 한 날보다 운이 좋았던 날이 더 잘될 때도 많다.

그런데 사장만은 항상 완벽해야 한다는 강박 속에 산다. 이 강박이 쌓이면 사장은 가게를 운영하지 못한다. 가게에 매달리게 된다.

PART 1의 정리는 단순하다. 아직 아무것도 결정하지 않아도 된다. 확장도, 정리도, 포기도 이 단계의 이야기가 아니다. 지금 필요한 것은 "나는 아직 판단할 수 있는 사람인가?"를 스스로에게 묻는 일이다.

잠을 자고 있는지, 혼자 모든 걸 끌어안고 있지는 않은지, 가게 이야기

말고 자기 이야기를 마지막으로 한 게 언제인지. 이 질문에 답할 수 있다면 가게는 아직 벼랑 끝이 아니다. 그저 다음 단계로 가기 전의 가장자리에 서 있을 뿐이다.

장사의 시작에서 가장 먼저 리셋 해야 할 것은 방법이 아니라 위치다.

나는 지금 어디에 서 있는가? 무너진 사람인가, 흔들리는 사람인가? 이 구분이 끝나야 그 다음 장으로 넘어갈 수 있다.

Part 2
성장의 고통

혼자서는 불가능한 시스템 리셋

매장 확장, 직원 관리, 가족 경영 등 경영자로서의 리더십 확보
개인의 기술을 넘어 시스템을 만들고,
사람들과 협력하며 겪는 리더십의 딜레마

스마트폰 하나로 팬덤을 만든 과일가게

퍼스널 브랜딩과 콘텐츠 장사법

오늘의 가게

매일 아침 라이브 방송이 열리는 수상한 청과물점

우리가 도착한 곳은 평범한 신도시의 아파트 상가였다. 그런데 한 과일가게 앞이 장날처럼 북적였다. 특이한 건 손님들의 손에 과일 봉지가 아니라 스마트폰이 들려 있다는 점이었다. 가게 안에서는 사장님이 카메라를 보며 외치고 있었다.

"어머님들! 오늘 샤인머스캣은 솔직히 말씀드리면 당도가 2% 부족해요. 대신 오늘 들어온 홍로 사과는 제가 태어나서 본 것 중에 제일 아삭합니다. 실패하고 싶지 않으면 무조건 사과 사세요!"

"유 박사님, 저 사장님 좀 보세요. 장사꾼이 자기 물건이 맛없다고 대놓고 말하네요? 저러면 누가 삽니까?"

유 박사는 사장님의 라이브 방송을 지켜보며 흐뭇하게 웃었다.

"작가님, 저게 바로 미래의 장사입니다. 이제 고객은 완벽한 상품이 아니라 '믿을 수 있는 사람'을 삽니다. 사장님의 솔직함이 곧 브랜드가 되고, 그 브랜드가 거대한 팬덤을 만드는 현장이죠. 우리는 여기서 '나'라는 사람 자체가 어떻게 가장 강력한 마케팅 무기가 되는지 보게 될 겁니다."

사장님의 웃픈 성공기

"대형 마트와 싸우지 마세요, '나'를 보여주세요"

'진심 과일'의 박운찬(41세, 가명) 사장님은 인근 대형 마트 때문에 폐업 위기까지 갔던 분이다. 마트의 물량 공세와 할인을 이길 재간이 없었기 때문이다. 그때 그는 마지막 수단으로 스마트폰을 들었다.

"처음엔 쑥스러웠죠. 그런데 그냥 매일 아침 새벽 시장에 가서 과일 고르는 모습, 맛없는 과일은 과감히 버리는 모습, 과일 맛있게 깎는 법 같은 걸 영상으로 찍어 올리기 시작했어요. 화려한 편집도 없었죠. 그런데 신기하게 사람들이 반응하기 시작하더라고요."

그는 좋은 것만 좋다고 말하지 않았다. 비가 와서 당도가 떨어진 날엔 "오늘 수박은 맹탕이니 사지 마세요"라고 공지했다. 손님들은 당황했지만, 그 솔직한 무모함에 무한한 신뢰를 보내기 시작했다.

"이제는 손님들이 마트 가격표를 보지 않고 제 얼굴을 보고 사러 오세요. '박 사장이 좋다면 좋은 거지'라는 믿음이 생긴 거죠. 저는 이제 과일을 파는 게 아니라 저라는 사람의 안목과 정직함을 팝니다. 전국에서 택배 주문이 밀려들어 이제는 마트가 전혀 무섭지 않아요."

유 박사의 골목길 우화

진실만을 노래하는 새와 화려한 앵무새

옛날 어느 숲속에 두 마리의 새가 살고 있었다. 한 마리는 깃털이 눈부시게 화려한 앵무새였고, 다른 한 마리는 평범한 털을 가진 갈색 지빠귀였다.

앵무새는 매일 나무 위에 앉아 사람들의 목소리를 흉내 내며 외쳤다.

"이 숲의 열매는 모두 세상에서 가장 달콤합니다! 어서 와서 맛보세요!"

하지만 정작 그 열매를 먹어본 동물들은 신맛에 얼굴을 찌푸리며 다시는 오지 않았다. 앵무새는 그저 보기 좋은 말로 사람들을 현혹할 뿐이었다.

반면, 갈색 지빠귀는 매일 아침 숲을 돌아다니며 열매를 하나하나 맛보았다. 그리고 노래했다.

"저쪽 언덕의 포도는 아직 시지만, 계곡 아래의 산딸기는 오늘 잘 익어서 달콤하네요."

지빠귀의 노래는 화려하지 않았지만 정직했다.

시간이 흐르자 숲속 동물들은 앵무새의 화려한 깃털을 쳐다보지도 않게 되었다. 대신 지빠귀의 노래가 들리면 모두가 안심하고 그 뒤를 따랐다. 앵무새는 화려함을 팔았지만 지빠귀는 믿음을 팔았기 때문이다. 결국 숲의 왕은 믿음직한 지빠귀를 자신의 길잡이로 삼았다.

가장 강력한 매력은 화려한 포장이 아니라 속살을 있는 그대로 보여주는 '투명함'에서 나온다.

유 박사의 장사 처방전

박 사장님의 성공은 개인이 미디어가 되는 시대의 완벽한 생존 전략입니다. 자본금이 부족한 소상공인일수록 '나'를 브랜드로 만들어야 합니다.

처방 1 상품 뒤에 숨지 말고 '나'를 전면에 내세우십시오.

가게 사진만 올리지 마십시오. 당신이 누구인지, 어떤 생각을 가지고 일하는지, 어떤 과정을 거쳐 물건을 가져오는지 보여주십시오.

퍼스널 브랜딩 시대에 사장님의 얼굴이 곧 로고이고, 사장님의 목소리가 곧 CM송입니다. 당신의 일상을 콘텐츠로 만드십시오. 사람들은 이제 가게와 거래하는 것이 아니라, 사람과 관계를 맺고 싶어 합니다.

처방 2 완벽함보다 정직함이 더 비싸게 팔립니다.

단점이나 실수를 숨기려 하지 마십시오. 오히려 그것을 솔직하게 고백할 때 팬덤은 강화됩니다. "오늘 재료가 평소보다 좋지 않아 장사를 쉬어갑니다", 혹은 "이번에 제가 실수를 해서 이런 문제가 생겼습니다"라고 솔직히 말하십시오. 사과하고 소통하는 과정에서 고객은 당신을 장사꾼이 아닌 '믿을 수 있는 이웃'으로 인식하게 됩니다.

처방 3 스마트폰을 광고판이 아닌 '창문'으로 쓰십시오.

일방적인 홍보는 스팸입니다. 고객이 당신의 가게를 들여다볼 수 있는 창문을 열어주십시오. 댓글에 답글을 달고, 손님의 의견을 가게 운영에 반영하는 과정을 보여주십시오. 손님들이 "내가 이 가게를 함께 키우고 있다"는 느낌을 주는 순간, 그들은 단순한 구매자를 넘어 당신을 지켜주는 팬덤이 됩니다.

오늘의 꿈 한 줄 요약

최고의 마케팅은 당신을 멋지게 포장하는 것이 아니라,
당신이 어떤 사람인지를 세상에 증명하는 과정 그 자체다.

1인 디저트샵

슈퍼맨 콤플렉스를 버리고, 혼자서 모든 것을 하려 하지 마라

오늘의 가게

반짝이는 쇼케이스 뒤, 홀로 싸우는 사장님

우리가 찾아간 여섯 번째 가게는 젊은 여성들 사이에서 '인증샷 성지'로 떠오르고 있는 작은 디저트 샵 '달콤한 위로'였다. 아기자기한 파스텔톤 인테리어와 보석처럼 진열된 예쁜 케이크들은 보기만 해도 기분이 좋아졌다. 오픈 시간 전이었지만, 가게 안에서는 젊은 여사장님 혼자 분주하게 움직이며 쇼케이스를 채우고 있었다.

"유 박사님, 여긴 앞선 가게들과는 달리 젊은 사장님 혼자 운영하시는군요. 1인 창업의 성공 사례를 보여주는 곳일까요?"

유 박사가 쇼케이스 안의 완벽해 보이는 케이크들을 유심히 보며 말했다.

"작가님, 겉으로 보이는 화려함이 전부는 아닙니다. 1인 창업은 자유로운 영혼의 로망처럼 보이지만, 현실은 혼자서 모든 것을 해내야 하는 외로운 싸움이죠. 우리는 여기서, 꿈을 이루었지만 그 꿈의 무게에 짓눌려 소진돼가는 한 젊은 사장님을 만나게 될 겁니다. 그리고 혼자가 아닌 '함께' 성장하는 법을 배우게 되겠죠."

사장님의 웃픈 성공기

"저는 사장이 아니라 그냥 김지영입니다"

'달콤한 위로'의 김지영(31세, 가명) 사장님은 제과제빵을 전공하고, 유명 베이커리에서 5년간 경력을 쌓은 실력파 파티시에였다. 그녀의 꿈은 자신만의 개성이 담긴 작고 예쁜 디저트 가게를 여는 것이었고, 마침내 그 꿈을 이루었다.

"처음 가게를 열었을 땐 정말 세상을 다 가진 기분이었어요. 새벽부터 밤늦게까지 일해도 전혀 힘들지 않았죠. 제가 만든 케이크를 손님들이 맛있게 먹고 행복해하는 모습을 보는 것만으로도 배가 불렀으니까요. SNS에 예쁜 사진이 올라오고, 단골손님들이 늘어나는 걸 보면서 정말 뿌듯했습니다."

그녀는 혼자서 모든 것을 해냈다. 새벽 장보기, 재료 손질, 베이킹, 포장, 판매, 청소, 심지어 SNS 관리와 세무 처리까지. 그녀는 사장님이었지만 동시에 주방 보조, 판매원, 마케터, 경리, 청소부이기도 했다. 그녀는 '1인 기업'이라는 이름 아래, 사실상 '1인 노예'의 삶을 살고 있었다.

문제가 생기기 시작한 것은, 가게가 유명해지고 손님이 감당할 수 없을 만큼 늘어나면서부터였다.

"몸이… 부서질 것 같아요. 하루에 4시간 이상 잔 지가 언젠지 모르겠어요. 케이크를 만들 시간도 부족한데 손님 응대하고, 포장하고, 밀려드는 SNS 문의에 답장하다 보면 하루가 그냥 사라져버려요. 예전에는 즐거웠던 베이킹이 이제는 숙제처럼 느껴져요. 손님들께 웃으면서 응대해야 하는데, 속으로는 '제발 빨리 좀 가셨으면…' 하는 못된 생각을 할 때도 있습니다."

그녀는 직원을 뽑을까 고민했지만 망설여졌다. 빠듯한 가게 살림에 인건비를 감당할 자신도 없었고, 무엇보다 자신이 자리를 비우면 가게가 제대로 돌아가지 않을 거라는 불안감 때문이었다. 그녀는 자신이 만든 이 '달콤한 위로'라는 작은 왕국에 스스로를 가두고 있었다.

"어느 날 단골손님 한 분이 그러시더라고요. '김 사장, 요즘 힘들어 보이네? 예전에는 눈이 반짝반짝 빛났는데…' 그 말을 듣는데 눈물이 왈칵 쏟아졌어요. 저는 손님들에게 '달콤한 위로'를 팔고 싶었는데, 정작 제 자신은 전혀 위로받지 못하고 있었던 거예요. 저는 사장이 아니라, 그냥 지쳐버린 '김지영'일 뿐이었죠."

그녀는 꿈을 이루었지만 그 꿈속에서 길을 잃고 있었다. 혼자서는 더 이상 나아갈 수 없다는 것을 알면서도 누구에게 손을 내밀어야 할지, 어떻게 도움을 받아야 할지 몰라 외로운 섬처럼 고립돼 있었다.

유 박사의 골목길 우화

혼자서 모든 것을 짊어진 개미

숲속에서 가장 부지런하고 유능한 일개미가 있었다.

그는 혼자서 누구보다 많은 나뭇잎을 옮겼고, 가장 튼튼한 집을 지었다. 여왕개미는 그를 칭찬하며 새로운 개미집을 짓는 중요한 임무를 맡겼다. 일개미는 기뻐하며 혼자서 일을 시작했다.

그는 다른 개미들의 도움은 필요 없다고 생각했다. '내가 제일 빠르고 잘하니까.' 그는 밤낮없이 흙을 파고 나뭇가지를 옮겼다.

하지만 개미집은 너무나 거대했다. 그가 아무리 열심히 일해도 작업은 더디기만 했다. 그는 점점 지쳐갔고, 그의 완벽했던 일솜씨도 무뎌져 갔다. 다른 개미들은 그가 도움을 청하기만을 기다렸지만, 그는 자존심 때문에 끝내 입을 열지 못했다.

결국, 겨울이 오기 전까지 개미집은 완성되지 못했다. 그는 차가운 땅바닥에 홀로 쓰러져 미완성의 개미집을 바라보며 후회했다.

"내가 왜 혼자 하려고 했을까… 함께 했더라면…."

가장 위대한 리더는 혼자서 모든 것을 해내는 영웅이 아니라, 기꺼이 도움을 청하고 함께 꿈을 완성해가는 사람이다.

유 박사의 장사 처방전

김지영 사장님은 '1인 창업'의 가장 흔하고 위험한 함정, 바로 '슈퍼

맨 콤플렉스'에 빠져있습니다. 혼자 모든 것을 통제해야 한다는 강박이 오히려 자신과 가게를 병들게 하고 있습니다. '혼자가 아닌 함께' 성장하기 위한 처방전입니다.

처방 1 당신의 시간을 돈으로 환산하고, 가치 없는 일을 포기하십시오.

당신의 시간은 유한하고, 당신의 에너지는 한정돼 있습니다. 사장은 모든 일을 잘하는 사람이 아니라, 가장 중요한 일에 집중해야 하는 사람입니다.

시급 계산을 하십시오. 당신의 한 시간은 얼마의 가치를 가집니까? 만약 당신이 1시간 동안 케이크를 만들어 5만 원의 부가가치를 창출할 수 있다면, 당신이 직접 포장도 하고 청소도 하는 것은 사실상 손해입니다.

아웃소싱을 두려워 마십시오. 당신보다 더 싸고 더 잘할 수 있는 사람에게 일을 맡기십시오. 세무는 세무사에게, 배달은 배달 대행업체에게, 단순 포장이나 청소는 시간제 아르바이트생에게. 당신은 당신만이 할 수 있는 핵심 업무(제품 개발, 고객 관리)에 집중해야 합니다.

처방 2 완벽한 직원을 찾지 말고, 성장할 직원을 키우십시오.

처음부터 당신만큼 일 잘하는 직원은 세상에 없습니다. 당신의 복제인간을 찾으려 하지 마십시오.

가르치는 즐거움을 배우십시오. 직원을 뽑는 것은 단순히 노동력을 사는 것이 아니라, 당신의 동료이자 제자를 만드는 과정입니다. 당신의 노하우를 가르치고, 그가 성장하는 모습을 지켜보는 것에서 새로운 보람을 찾으십시오. 당신의 훌륭한 레시피는 당신 혼자만 알고 있을 때보다 그것을 전수받은 제자가 있을 때 더욱 빛나는 법입니다.

'작은 성공 경험'을 선물하십시오. 처음부터 너무 많은 것을 기대하지 마십시오. 직원이 스스로 해낼 수 있는 작은 업무부터 맡기고, 성공했을 때 아낌없이 칭찬해주십시오. 그 작은 성공들이 모여, 직원은 시키는 일만 하는 사람에서 '스스로 책임지는 사람'으로 성장할 것입니다.

처방 3 당신의 휴식도 가게 운영의 일부입니다.

쉬는 것은 게으름이 아니라, 더 멀리 가기 위한 필수적인 재충전입니다.

영업시간이 아닌 '나의 시간'을 먼저 정하십시오. 당신이 최소한으로 확보해야 할 수면 시간, 식사 시간, 휴식 시간을 먼저 정하십시오. 그리고 그 시간을 제외한 나머지 시간 안에서, 당신이 감당할 수 있는 만큼만 가게 문을 여십시오. 당신이 먼저 건강하고 행복해야 당신의 가게도 건강하고 행복해질 수 있습니다.

'혼자만의 시간'을 선물하십시오. 일주일에 단 하루라도 가게 문을 닫고 온전히 당신 자신을 위해 시간을 쓰십시오. 맛있는 것을 먹고, 좋아하는 영화를 보고, 아무것도 하지 않고 잠만 자도 좋습니다.

당신의 소진된 영혼을 돌보는 것이 최고의 신메뉴를 개발하는 것보다 더 중요할 수 있습니다.

오늘의 꿈 한 줄 요약

노력은 배신하지 않는다.

다만, 방향을 잃은 노력은 가게를 지치게 만든다.

2호점 내고 휘청이는 빵집

손맛이 아닌 시스템을 복제하고, 권한을 위임하라

오늘의 가게

두 개의 깃발 아래 길을 잃은 제빵사

우리는 도시에서 가장 핫하다는 신상 카페 거리에 도착했다. 그곳에는 오픈한 지 이제 막 한 달이 지났다는 세련된 베이커리 카페, '윤셰프의 작업실 2호점'이 있었다. 본점의 명성 덕분인지 이른 시간임에도 가게 안은 젊은 손님들로 북적였다. 모든 것이 순조로워 보였다.

"유 박사님, 여긴 성공 신화의 다음 장을 쓰고 있는 것 같은데요? 사장님이 아주 자랑스러워하실 것 같습니다."

유 박사는 갓 나온 크루아상 하나를 집어 반으로 갈라보더니, 씁쓸한 표정으로 말했다.

"작가님, 겉모습에 속지 마십시오. 이 크루아상은… 본점의 그것과는 전혀 다른 빵입니다. 우리는 여기서, 성공이라는 달콤한 과실에 취해 자신의 뿌리마저 흔들리게 된 한 젊은 장인을 만나게 될 겁니다. 혼자 잘하는 것과 함께 잘하는 것이 얼마나 다른 세계인지, 그 뼈아픈 수업료를 치르고 있는 분이죠."

사장님의 웃픈 성공기

"제 몸이 두 개였으면 좋겠습니다"

'윤 셰프의 작업실' 본점의 윤태영(35세, 가명) 사장님은 젊은 나이에 자수성가한 스타 셰프였다. 프랑스 유학파 출신인 그는, 자신만의 독창적인 레시피와 탁월한 솜씨로 골목의 작은 빵집을 1년 만에 지역 명소로 만들었다. 그의 성공 스토리는 잡지에도 소개될 정도였다.

성공에 고무된 그는 더 큰 꿈을 꾸기 시작했다. '2호점'. 자신의 브랜드를 확장하고, 더 많은 사람들에게 자신의 빵을 맛보게 하고 싶다는 야심이었다.

"모두가 말렸어요. 아직 이르다고. 하지만 저는 자신 있었습니다. 제 레시피는 완벽했고, 저에게는 열정이 있었으니까요. 제가 직접 관리하면 본점과 똑같은 품질의 2호점을 만들 수 있을 거라고 믿었죠."

그는 무리해서 대출을 받아 가장 번화한 거리에 2호점을 열었다. 그리고 그의 악몽은 바로 그날부터 시작되었다.

"몸이… 두 개가 아니더라고요."

그는 본점과 2호점을 오가며 하루 18시간 이상을 일했다.

2호점 직원들에게 자신의 레시피와 철학을 가르치려 했지만, 그들은 자신만큼 빵에 '미쳐' 있지 않았다. 재료 계량은 조금씩 틀렸고 반죽의 온도와 시간도 제각각이었다. 그는 직원들을 믿을 수 없었다. 결국 모든 중요한 공정은 그의 손을 거쳐야만 했다.

"2호점 주방에서 밤새 반죽을 하고, 새벽에는 본점에 가서 빵을 굽고, 오후에는 다시 2호점으로 와서 마감을 하고…. 지난 한 달간 제가 잠을 잔 건지 기절을 한 건지 모르겠습니다. 직원들은 제가 없으면 아무것도 못 하는 갓난아기들 같았어요. 아니, 어쩌면 제가 그들을 그렇게 만들었는지도 모르겠습니다. 그냥 제가 다 해버리니까요."

더 큰 문제는, 2호점에 신경 쓰는 사이 본점의 품질마저 흔들리기 시작했다는 것이다. 피곤에 지친 그의 손끝은 예전 같지 않았고, 오랜 단골들은 "셰프님, 요즘 빵 맛이 좀 변한 것 같아요."라는 말을 조심스럽게 건네기 시작했다. 그는 가장 소중한 자신의 '뿌리'마저 뽑힐 위기에 처한 것이다.

그는 두 개의 가게, 두 개의 깃발 사이에서 길을 잃고 헤매고 있었다. 성공을 향한 야심이 오히려 그를 번아웃과 실패의 늪으로 끌어당기고 있었다.

"저는 그냥… 최고의 빵을 만들고 싶었을 뿐인데, 어쩌다 이 지경이 된 걸까요? 이젠 빵 만드는 기계가 된 기분입니다. 예전처럼 즐겁지가 않아요. 2호점을 낸 게 정말 잘못이었을까요?"

유 박사의 골목길 우화

혼자서 집을 짓던 거인

숲속에 힘이 아주 센 거인이 살았다. 그는 혼자서 아름드리나무를 뽑아 기둥을 세우고, 거대한 바위를 옮겨 벽을 쌓아, 세상에서 가장 튼튼하고 아름다운 집을 짓는 재주가 있었다.

어느 날, 왕이 그에게 아주 큰 성을 지어달라고 명했다. 거인은 기뻐하며 혼자서 성을 짓기 시작했다. 그는 다른 누구의 도움도 필요 없다고 생각했다. '내가 직접 해야 완벽하니까.'

하지만 성은 너무나도 거대했다. 그가 아무리 밤낮으로 돌을 쌓아도, 성벽의 기초조차 완성되지 않았다. 그는 지쳐갔고, 그의 완벽했던 솜씨도 점점 무뎌져 갔다.

그 모습을 지켜보던 숲의 작은 동물들이 그에게 다가와 말했다.

"거인님, 저희가 작지만 도울 수 있는 일이 있을까요? 저흰 돌을 나를 수는 없지만, 돌 틈에 진흙을 발라 바람을 막아드릴 수는 있어요."

거인은 처음에 코웃음을 쳤다.

"너희 같은 꼬맹이들이 뭘 할 수 있겠어?"

하지만 너무나 지쳐 있었기에, 그는 마지못해 동물들의 도움을 받기로 했다.

그 후 놀라운 일이 벌어졌다. 거인이 큰 돌을 쌓으면, 다람쥐들이 재빨리 올라가 틈새를 메웠고, 두더지들이 땅을 파서 물길을 내주었다. 새들은 멀리서 좋은 흙을 물어다 날랐다. 거인 혼자서는 1년이 걸려도 못했을 일이, 모두가 함께 힘을 합치자 단 몇 달 만에 완성되었다.

그 성은 거인이 혼자 지으려 했던 완벽한 성과는 조금 달랐다.

벽돌 사이사이에는 동물들의 작은 발자국이 찍혀 있었고, 창문에는 새들이 물어다 놓은 예쁜 꽃씨들이 싹을 틔우고 있었다. 하지만 그 성은 거인이 상상했던 것보다 훨씬 더 따뜻하고 아름다운 모두의 성이 되었다.

가장 위대한 건축가는 혼자서 완벽한 건물을 짓는 사람이 아니라, 모두가 함께 살고 싶은 따뜻한 집을 짓는 사람이다.

유 박사의 장사 처방전

윤태영 사장님은 최고의 제빵사지만, 아직 미숙한 경영자입니다. 그의 문제는 기술이 아니라 시스템의 부재입니다. 혼자 잘하는 것을 넘어, 함께 잘하는 시스템을 만들기 위한 처방전입니다.

처방 1 당신의 손맛이 아닌 시스템을 복제하십시오.

2호점에 필요한 것은 또 다른 윤태영이 아니라, 윤태영 없이도 윤태영의 빵을 만들 수 있는 시스템입니다.

모든 것을 숫자로 바꾸십시오. 당신의 머릿속에만 있는 감과 느낌을 누구나 따라 할 수 있는 정확한 레시피와 매뉴얼로 만드십시오. '적당히'가 아니라 '밀가루 300g, 물 180ml, 1차 발효 45분'처럼, 모든 과정을 숫자로 기록해야 합니다. 이것이 당신의 손맛을 복제하는 유일한 방법입니다.

'중앙 주방(Central Kitchen)'시스템을 고려하십시오. 빵의 맛을 결정하는 가장 핵심적인 과정(예: 반죽, 소스 제조)은 본점에서 일괄적으로 처리하고, 2호점에서는 굽거나 완성하는 작업만 하도록 시스템을 단순화하십시오. 품질 관리가 훨씬 쉬워지고 각 지점의 부담도 줄어듭니다.

처방 2 직원을 '손'이 아닌 '머리'로 키우십시오.

직원을 당신의 지시만 따르는 '손'으로 만들지 마십시오. 스스로 생각하고 책임지는 '머리'로 성장시켜야 합니다.

믿고 맡기십시오. 매뉴얼을 만들고 충분히 교육했다면 이제는 직원을 믿고 맡겨야 합니다. 당신의 역할은 감시가 아니라, 잘했을 때 칭찬하고 실수했을 때 함께 해결책을 찾는 '코치'가 되는 것입니다.

지점장에게 힘을 실어주십시오. 2호점에는 당신을 대신할 '작은 윤태영', 즉 책임감 있는 지점장을 임명하고 그에게 권한을 위임하십시오. 그래서 지점 운영에 대한 일정 부분의 자율성을 부여하고, 성과에 따른 인센티브를 제공하여 주인의식을 갖고 일하도록 해야 합니다.

처방 3 속도보다 방향을 먼저 생각하십시오.

성장은 목적지를 정하지 않고 무작정 달리는 것이 아닙니다. 잠시 멈추고 질문하십시오. 당신은 왜 2호점을 내고 싶었습니까? 단순히 돈을 더 벌기 위해서입니까, 아니면 당신의 브랜드를 통해 세상에 어떤 가치를 주고 싶어서입니까? 당신의 사업 철학을 명확히 하고, 그 철학에 맞는 성장의 속도와 방식을 재설계하십시오.

때로는 천천히 가는 것이 가장 빨리 가는 길일 수 있습니다.

오늘의 꿈 한 줄 요약

혼자보다는 함께하는 시스템,
초심을 잃지 않는 속도와 방식을 재점검하라

성장의 함정에 빠진 헤어살롱

완벽주의를 버리고, 매뉴얼을 만들어 직원을 믿어라

오늘의 가게

'혼자서는 완벽, 둘만 모이면 엉망'인 헤어살롱

우리가 찾아간 여덟 번째 가게는 아침 햇살 속에 빛나는 헤어살롱이었다. 가게 이름은 '수아 헤어'. 새하얀 외벽과 통유리창, 그 안에 미니멀하게 배치된 가구들은 마치 패션 잡지의 한 페이지를 보는 듯했다. 모든 것이 완벽하게 정돈돼 있었고 먼지 한 톨 찾아볼 수 없었다.

"유 박사님, 여긴 정말 흠잡을 데가 없는데요. 이런 곳에 어떤 문제가 있다는 거죠?"

유 박사는 가게 안을 유심히 살피며 대답했다.

"작가님, 때로는 완벽함이야말로 가장 치명적인 문제입니다. 이곳 역시 '성장의 함정'에 빠진 곳이죠. 원장님 혼자일 때는 별 다섯 개짜리 가게지만, 직원이 한 명만 늘어나도 별 한 개짜리로 추락하는 기묘한 곳입니다."

"직원 하나 때문에 별 하나로 추락해요?"

"우리는 여기서, 최고의 아티스트가 어떻게 최악의 리더가 될 수 있는지를 목격하게 될 겁니다."

우리가 가게 안으로 들어서자, 단발머리의 세련된 원장님이 프로페셔널한 미소로 우리를 맞았다. 그녀의 가위질은 한 치의 오차도 없어 보였고, 그녀의 가게는 그야말로 완벽 그 자체였다.

사장님의 웃픈 성공기

"제 손은 두 개뿐인데, 어떻게 하죠?"

'수아 헤어'의 박수아 원장(38세, 가명)은 우리가 만나본 사장님 중 가장 뛰어난 장인이었다. 그녀의 커트 실력은 업계에서도 소문이 자자했고, 그녀에게 머리를 맡기려면 최소 한 달은 기다려야 했다. 그녀는 자신의 일에 대한 자부심으로 가득 차 있었다.

"저는 제 일을 사랑해요. 고객의 머리카락 한 올 한 올이 제 손끝에서 예술 작품으로 바뀌는 순간 살아있음을 느껴요. 제 가게의 모든 것은 완벽해야만 합니다. 최고의 제품, 최고의 기술, 최고의 서비스. 그게 제 철학이에요."

그녀는 혼자서 가게를 운영하며 승승장구했다. 예약은 늘 꽉 찼고 수입도 안정적이었다. 문제는 그녀가 더 큰 성장을 위해 첫 번째 직원을 뽑으면서부터 시작되었다.

"밀려드는 예약을 더 이상 감당할 수가 없어서, 큰맘 먹고 경력 있는 디자이너를 한 명 채용했어요. 그런데… 제 성에 차질 않는 거예요. 샴푸 하나를 해도 그렇죠. 저는 물 온도를 38.5도에 맞추고, 샴푸 양은 5ml, 두피 마사지는 7분이라는 저만의 완벽한 공식이 있는데, 그 친구는 대충 감으로 하더라고요. 보다 못해 제가 손님 앞에서 그 친구를 나무랐어요. '그렇게 하면 손님 두피 상해요!' 하고요."

그녀는 선의로 한 말이었다. 자신의 완벽한 기준과 명성을 지키기 위해서. 하지만 그 결과는 최악이었다. 직원은 손님 앞에서 망신을 당해 자존심에 상처를 입었고, 손님은 그 어색한 분위기에 불편함을 느꼈다. 유능했던 그 직원은 한 달 만에 그만두었다.

그 이후로도 여러 명의 직원이 '수아 헤어'를 거쳐 갔지만 결과는 늘 같았다. 박 원장은 직원들의 모든 행동을 사사건건 감시하고 지적했다. 그녀는 직원들을 함께 일하는 동료가 아니라, 자신이 통제해야 하는 '불안 요소'로 여겼다.

"제가 직접 하는 게 빠르고 완벽한데, 왜 굳이 다른 사람 손에 맡겨서 불안해야 하죠? 결국 중요한 커트나 염색은 전부 제가 다시 하게 되더라고요. 직원을 뽑은 건데 오히려 제 일은 두 배로 늘었어요. 직원을 감시하고 그들이 저지른 실수를 수습하는 일까지 추가됐으니까요. 저는 이제 디자이너가 아니라 '감시관'이 된 기분입니다."

그녀의 완벽주의는 스스로를 '성장의 감옥'에 가둬버렸다. 그녀는 더 이상 직원을 뽑지 않았다. 혼자서 감당할 수 있는 만큼의 손님만 받으며 매일같이 번아웃 직전까지 몸을 혹사시키고 있었다. 그녀의 뛰어난 기술은 역설적으로 그녀의 가게를 더 이상 성장하지 못하게 하는 가장 큰 장애물이 되어버렸다.

그녀는 자신의 아름답지만 상처투성이인 손을 내려다보며, 우리에게 간절한 눈으로 물었다.

"제 손은 최고의 손입니다. 하지만 제 손은 두 개뿐이에요. 다른 사람의 손을 믿지 못하는 저는, 대체 어떻게 이 가게를 더 키워나갈 수 있을까요?"

유 박사의 골목길 우화

세상에서 가장 뛰어난 화가와 붓들의 이야기

세상에서 가장 그림을 잘 그리는 화가가 있었다. 그의 붓 터치 한 번에, 캔버스에는 살아있는 듯한 풍경이 펼쳐졌다. 그에게는 세상에서 가장 훌륭한 장인들이 만든 수백 개의 명품 붓들이 있었다.

어느 날, 왕이 그에게 궁전의 거대한 벽화를 그려달라고 명했다.

화가는 자신의 일생일대의 역작을 만들 기회에 기뻐하며 그림을 그리기 시작했다. 하지만 벽은 너무나도 거대했다. 그가 아무리 밤낮으로 그림을 그려도 작업은 좀처럼 진척되지 않았다.

그는 점점 지쳐갔다. 그의 작업실에는 수백 개의 훌륭한 붓들이 자신을 써주기만을 기다리고 있었지만, 화가는 오직 자신의 손에 쥔 단 하나의 붓만을 고집했다.

"너희들은 내 손이 아니야. 내 완벽한 붓 터치를 흉내 낼 수 없어. 나는 오직 나 자신만을 믿는다."

결국 화가는 기한 내에 벽화의 10분의 1도 채우지 못했고, 병을 얻어 쓰러지고 말았다.

뒤늦게 소식을 들은 스승이 그를 찾아와 말했다.

"이 어리석은 녀석아. 대가의 위대함은 자신의 손재주가 얼마나 뛰어난지로 결정되는 것이 아니다. 얼마나 많은 붓들을 조화롭게 춤추게 할 수 있는지로 결정되는 것이다. 네 손은 하나지만, 너의 지혜는 수백 개의 손을 이끌 수 있는 법이거늘."

최고의 장인은 자신의 손재주를 뽐내는 사람이 아니라, 자신의 철학을 공유하고 다른 이들을 성장시켜서, 자신 없이도 위대한 작품이 완성되는 시스템을 만드는 사람이다.

유 박사의 장사 처방전

박수아 원장님의 문제는 기술이 아니라 '두려움'입니다. 자신의 완벽한 명성에 흠집이 날까 두려워 다른 누구도 믿지 못하는 것이죠. 그녀는 아티스트에서 리더로 성장해야만 이 함정에서 벗어날 수 있습니다.

처방 1 나의 완벽이 아닌, 고객의 만족을 목표로 삼으십시오.

원장님은 '물 온도 38.5도'라는 자신의 완벽한 '과정'에 집착하고 있습니다. 하지만 고객은 물 온도가 38도인지 39도인지 신경 쓰지 않습니다. 그저 시원하고 만족스러운 샴푸라는 '결과'를 원할 뿐입니다.

관점을 바꾸십시오. 직원의 과정을 감시하는 대신 결과에 대한 고객의 피드백에 집중하십시오. 고객이 "오늘 샴푸 정말 시원했어요"라고 말한다면, 설령 직원의 방식이 당신과 조금 달랐더라도 그것은 성공적인 서비스입니다. 과정을 통제하려 하지 말고 결과를 관리하십시오.

처방 2 당신의 감각을 매뉴얼로 바꾸고, 그 매뉴얼을 믿으십시오.

믿음은 감정이 아니라 시스템입니다. 당신의 머릿속에만 있는 완벽한 감각을 누구나 보고 배울 수 있는 명확한 매뉴얼로 만드십시오.

'수아 헤어 공식 매뉴얼'을 만드십시오. 샴푸 과정, 커트 보조 방법, 고객 응대 화법까지, 당신의 모든 노하우를 구체적인 텍스트로 정리하십시오.

직원을 훈련시키고, 시험하십시오. 새로운 직원이 들어오면 이 매뉴얼을 바탕으로 교육하고 테스트를 통해 숙지 여부를 확인하십시오.

그리고 믿으십시오. 일단 직원이 테스트를 통과했다면, 그가 매뉴얼대로 잘 해낼 것이라고 믿고 맡기십시오. 당신의 역할은 직원의 손을 일일이 감시하는 것이 아니라 시스템이 잘 작동하는지 가끔 확인하는 것으로 충분합니다.

처방 3 권한 위임이 아닌 책임 위임을 하십시오.

단순히 샴푸를 하라고 일을 던져주는 것과, 당신이 우리 가게의 샴푸 서비스를 책임지는 담당자라고 역할을 부여하는 것은 하늘과 땅

차이입니다.

직원에게 타이틀을 선물하십시오.

"OO씨는 오늘부터 우리 가게의 '두피케어 총괄 매니저'입니다. 모든 손님이 최고의 샴푸 경험을 하고 감동하게 만드는 것이 OO씨의 미션입니다."

이처럼 명확한 역할과 책임을 부여하면, 직원은 시키는 일만 하는 수동적인 존재에서 자신의 일에 자부심을 느끼는 능동적인 전문가로 성장할 것입니다.

오늘의 꿈 한 줄 요약

최고의 장인은 자신의 손을 자랑하는 사람이 아니라,
자신의 손 없이도 완벽하게 돌아가는 훌륭한 시스템을 만드는 사람이다.

매일 싸우는 가족 빵집

사랑과 기대 대신 역할이라는 모자를 명확히 구분하라

오늘의 가게

세상에서 가장 맛있는 빵, 그리고 가장 살벌한 공기

우리가 찾아간 아홉 번째 가게는 갓 구운 빵 냄새만으로도 사람들을 행복하게 만드는, 동네에서 가장 유명한 빵집이었다.

가게 이름은 '진심, 한 조각'. 통유리 너머로 보이는 가게 안은 따뜻한 조명과 먹음직스러운 빵들로 가득했고, 손님들은 저마다 행복한 표정으로 빵을 고르고 있었다. 겉보기에는 이보다 더 완벽한 '꿈의 가게'는 없어 보였다.

"유 박사님, 이번 가게는 정말 성공적인데요? 실패담이라고는 찾아볼 수 없을 것 같습니다."

내 감탄에, 유 박사는 빵 하나를 집어 들며 씁쓸하게 웃었다.

"작가님, 이 빵은 정말 맛있습니다. 하지만 이 빵을 만드는 사람들은 매일 지옥의 문턱을 오가고 있죠. 우리는 여기서, 가장 사랑하는 사람과 함께 일하는 것이 어떻게 끔찍한 비극이 될 수 있는지를 배우게 될 겁니다. 그리고 그 비극을 희극으로 바꾸는 위대한 지혜도요."

그의 말이 끝나기 무섭게, 주방 안쪽에서 날카로운 목소리가 새어 나왔다.

"여보! 내가 프랑스산 최고급 버터 쓰지 말랬지! 우리 이번 달 관리비 낼 돈도 빠듯한 거 몰라?"

"당신은 빵 맛도 모르면서 그런 소리 하지 마! 이 버터를 써야 빵의 풍미가 사는 거라고!"

순간 가게 안의 따뜻했던 공기는 차갑게 얼어붙었다. 손님들은 서로 눈치를 보며 서둘러 빵을 골라 나갔고, 방금 전까지의 행복했던 분위기는 온데간데없이 사라졌다.

유 박사와 나는 세상에서 가장 맛있는 빵과, 세상에서 가장 살벌한 공기가 공존하는 기이한 공간에 서 있었다.

사장님의 웃픈 성공기

"우리는 부부일까요, 동업자일까요"

'진심, 한 조각'의 주인은 빵에 인생을 건 남편 이성진(45세, 가명) 씨와, 현실의 모든 것을 책임지는 아내 박선영(43세, 가명) 씨 부부였다. 한때는 누구보다 서로를 사랑했던 두 사람은 이제 서로에게 가장 큰 상처를 주는 원수가 되어 있었다. 마감 후, 텅 빈 가게에서 마주 앉은 두 사람의 이야기는 위태로운 살얼음판 위를 걷는 것 같았다.

남편 이성진 씨가 먼저 입을 열었다. 그의 손은 밀가루 투성이였지만, 눈은 슬픔으로 가득했다.

"저는 그냥… 최고의 빵을 만들고 싶었을 뿐입니다. 제빵사가 자기 빵에 최고의 재료를 쓰고 싶어 하는 게 죄는 아니잖아요? 하지만 아내는 매일같이 저를 돈만 축내는 철부지로 만들어요. 제빵사로서의 제 자존심과 철학을 전혀 존중해주지 않습니다. 그녀에게 저는 더 이상 남편도, 빵 장인도 아닌 그냥 '비용 덩어리'일 뿐입니다."

그의 말이 끝나자마자 아내 박선영 씨가 울먹이며 반박했다.

"존중이요? 제가 새벽 4시에 일어나서 세무서류 정리하고, 직원들 월급 날짜 맞추려고 은행에 머리 조아릴 때, 이 사람은 유기농 밀가루 가격만 알아보고 있어요. 가게가 당장 다음 달에 문을 닫게 생겼는데, 빵의 풍미 타령만 하고 있는 사람을 제가 어떻게 존중할 수 있겠어요. 저는 아내로서 남편을 지지하고 싶지만, 이 가게의 경리로선 당장 해고하고 싶을 뿐이라고요!"

그들의 싸움은 빵에 대한 것이 아니었다. 그것은 역할의 충돌이었다.

가정에서 그들은 남편과 아내였지만, 가게에서는 생산 책임자(CPO)와 재무 책임자(CFO)였다. 하지만 두 사람은 가게에서도 여전히 남편과 아내로서 서로에게 기대고, 서운해하며 감정적으로 싸우고 있었다. 아내니까 내 마음을 알아주겠지, 남편이니까 이해해주겠지 하는 기대가, 비즈니스의 냉정한 현실 앞에서 산산조각 나고 있었던 것이다.

가게의 모든 규칙은 무너졌다. 남편은 아내와 상의 없이 비싼 재료를 주문했고, 아내는 남편의 자존심을 깎아내리는 말을 직원들 앞에서 서슴지 않았다. 그들의 싸움은 두 사람의 관계뿐만 아니라 가게 전체의 시스템과 직원들의 사기까지 망가뜨리고 있었다.

박선영 씨는 눈물을 훔치며 말했다.

"우리가 함께 빵집을 열자고 약속했을 때, 세상에서 가장 행복했어요. 하지만 지금은… 차라리 남남으로 만나 동업을 했다면 이렇게까지 힘들지는 않았을 것 같아요. 사랑이라는 이름이 때로는 가장 잔인한 무기가 되더군요."

유 박사의 골목길 우화

하늘을 날고 싶었던 연과 얼레

아주 높이 날아오르는 것을 꿈꾸는 아름답고 야심 찬 연(鳶)이 있었다. 연은 바람을 타고 그 누구보다 높이 솟아올랐고, 구름과 어깨를 나란히 하는 것을 자랑스러워했다.

하지만 연에게는 한 가지 불만이 있었다. 바로 땅에서 자신을 꽉 붙들고 있는 얼레였다.

연은 소리쳤다.

"이 답답한 얼레야! 너만 없으면 나는 저 하늘 끝까지, 달까지도 날아갈 수 있을 텐데! 너는 왜 나를 자꾸 땅으로 끌어당기는 거야?"

얼레는 묵묵히 대답했다.

"난 널 끌어당기는 게 아니야. 나는 너와 땅을 연결하고 있을 뿐이야. 내가 없으면, 넌 날 수 없어."

하지만 연은 그 말을 믿지 않았다.

"흥, 무슨 말 같잖은 궤변이야!"

어느 날, 거센 바람이 불어왔다. 연은 이 기회에 얼레로부터 벗어나기로 결심하고 미친 듯이 몸부림쳤다. 그리고 마침내 "툭!" 하는 소리와 함께 연과 얼레를 잇던 실이 끊어지고 말았다.

연은 잠시 완전한 자유를 만끽했다. 그 어느 때보다 하늘 높이 솟아올랐다.

하지만 기쁨도 잠시 이내 바람의 방향이 바뀌었다. 자신을 지탱해주던 팽팽한 긴장감이 사라지자 연은 중심을 잃고 통제 불능 상태로 빙글빙글 돌기 시작했다. 결국 연은 힘없이 추락하여 이름 모를 숲의 뾰족한 나뭇가지에 걸려 날개가 찢어지고 말았다.

가장 높이 날기 위해선 가장 단단하게 땅에 발을 딛고 있어야 한다. 꿈을 꾸는 연은 현실을 붙잡는 얼레가 있어야만 비로소 하늘을 날 수 있다. 그 둘 사이의 팽팽한 긴장감은 서로를 방해하는 힘이 아니라, 함께 날아오르게 하는 가장 위대한 파트너십이다.

유 박사의 장사 처방전

두 사장님의 비극은 서로를 사랑하지 않아서가 아니라, 역할을 정하지 않았기 때문에 발생했습니다. 부부라는 모자와 동업자라는 모자를 구분 없이 뒤죽박죽 쓰고 있었던 것이죠. 가족 경영의 성공은,

'가족이니까'라는 기대를 버리고 '가족이기에' 더 엄격한 규칙을 만드는 것에서 시작됩니다.

처방 1 '역할'이라는 모자를 명확히 구분하십시오.

가게 안에서는 여보, 당신이 아닌, 서로의 직책을 불러주십시오. 지금 당장 두 분의 명함을 새로 파는 것부터 시작하십시오.

남편 → 이성진 CPO (최고 생산 책임자): 모든 빵의 맛과 품질, 신메뉴 개발을 책임진다.

아내 → 박선영 CFO (최고 재무 책임자): 가게의 모든 재무, 회계, 마케팅, 고객 관리를 책임진다.

가게 안에서는 CPO와 CFO로서 서로의 영역을 존중하고, 각자의 결정에 책임을 져야 합니다. CPO는 CFO의 허락 없이 비싼 재료를 살 수 없고, CFO는 CPO의 레시피에 감정적으로 개입할 수 없습니다. 모자를 바꿔 쓰는 순간부터 두 분은 감정적인 부부가 아니라 이성적인 동업자가 되어야 합니다.

처방 2 '가게 회의'와 '부부 대화'의 시간을 철저히 분리하십시오.

가게의 문제를 집 안 침실까지 끌고 들어오는 것은 관계를 망치는 지름길입니다.

매주 '주간 경영 회의' 시간을 정하십시오. 일주일에 한 시간, 카페에 마주 앉아 CPO와 CFO로서 공식적인 회의를 하십시오. 이때만큼은 철저히 데이터와 숫자를 기반으로 대화해야 합니다. "당신은 왜 내 맘을 몰라줘?"가 아니라, "지난주 버터 재고 비용이 예상보다 15%

초과했습니다. 원인을 분석하고 해결책을 찾아봅시다"라고 말해야 합니다.

집에서는 '가게 이야기 금지' 규칙을 만드십시오. 가게 문을 닫고 집에 들어서는 순간 두 분은 다시 부부의 모자를 써야 합니다. 이것이 가게의 스트레스로부터 두 분의 소중한 관계를 지키는 가장 효과적인 방화벽이 될 겁니다.

처방 3 싸우더라도, '직원들 앞'이라는 마지막 선은 지키십시오.

직원들 앞에서 부부가 싸우는 것은 아이들 앞에서 부모가 싸우는 것과 같습니다. 직원들은 불안해하고 누구 편을 들어야 할지 몰라 혼란에 빠지며, 결국 두 사람 모두 리더로서의 존경을 잃게 됩니다.

'비상벨'을 만드십시오. 가게에서 갈등이 터지기 일보 직전, 둘만이 아는 신호(예: 손가락으로 V자 만들기)를 보내 대화를 중단하십시오. 그리고 "이 이야기는 오늘 주간 회의 때 마저 하죠, 이 CPO님"이라고 말하며, 문제를 공식적인 채널로 넘기십시오. 이는 직원들에게 '우리 리더들은 감정적이 아니라 시스템으로 일하는구나'라는 깊은 신뢰를 줍니다.

오늘의 꿈 한 줄 요약

가족이라는 이유로 역할을 정하지 않았기 때문에 상처 입는다.

사랑은 감정이지만, 장사는 구조다.

동업한 친구의 동업파기 선언

우정의 영역과 동업의 영역을 분리할 계약서를 다시 써라

오늘의 가게

꿈은 같았지만, 동상이몽이 되어버린 두 친구

우리가 찾아간 곳은 젊은이들 사이에서 '힙'하기로 소문난 수제 맥주 펍 '우리들의 양조장'이었다. 세련된 인테리어와 독창적인 맥주 맛으로 SNS에서도 꽤나 유명세를 탄 곳이었다. 하지만 우리가 가게 문을 열고 들어선 순간, 느낀 것은 활기가 아니라 싸늘한 냉기였다.

가게 안에는 두 명의 젊은 사장님이 있었지만, 그들은 서로에게 눈길 한번 주지 않고 있었다. 한 명은 묵묵히 맥주 탭만 닦고 있었고, 다른 한 명은 카운터에 앉아 노트북만 노려보고 있었다. 손님인 우리가 들어왔음에도, 그들의 얼굴에는 어떤 반가움도 서려있지 않았다. 성공한 가게의 자랑스러운 주인이 아니라 마치 이혼을 앞둔 부부처럼 보였다.

유 박사가 내게 속삭였다.

"작가님, 저 두 사람은 십년지기 가장 친한 친구였습니다. 함께 대기업을 퇴사하고, 꿈에 그리던 이 가게를 차렸죠. 그리고 보기 좋게 성공했습니다. 하지만 우리는 여기서, 성공이 어떻게 가장 끈끈했던 우정을 파괴하는지를 보게 될 겁니다. 그리고 그 잿더미 속에서 진짜 소중한 것을 되찾는 방법도요."

사장님의 웃픈 성공기

"우리는 친구였을까요, 아니면 그냥 동업자였을까요"

'우리들의 양조장'은 맥주에 미친 아티스트 김현우(37세, 가명) 사장과, 비즈니스에 능한 사업가 이준호(37세, 가명) 사장이 함께 만든 작품이었다.

"준호는 제 유일한 친구이자, 최고의 파트너였습니다."

먼저 입을 연 것은 맥주를 만드는 김현우 사장이었다.

"저는 맥주 만드는 것밖에 모르는 바보입니다. 준호가 없었다면, 이 가게는 시작도 못 했을 겁니다. 자금 마련, 인테리어, 마케팅, 전부 준호가 다 했어요. 우리는 완벽한 팀이었습니다. 저는 최고의 맥주를 만들고, 준호는 그 맥주를 세상에 알리고. 지난 2년간 정말 꿈만 같았어요."

하지만 그들의 꿈은 대형 마트에서 납품 제안이 들어온 순간부터 금이 가기 시작했다. 사업가인 이준호 사장에게 그것은 엄청난 성공의 기회였다. 하지만 아티스트인 김현우 사장에게는 재앙과도 같았다.

"마트에서는 대중적인 맛의 평범한 라거 맥주를 대량으로 납품해 달라고 했습니다. 제가 만들고 싶은 맥주는 그게 아닌데요. 저는 세상에 단 하나뿐인, 저만의 철학이 담긴 에일과 스타우트를 만들고 싶어서 이 일을 시작했습니다. 그런데 준호는 제 꿈을 '돈 안 되는 고집'이라고 하더군요. 우리가 함께 꾸었던 꿈이 사실은 서로 다른 꿈이었다는 걸 그때 처음 알았습니다."

이번에는 사업가인 이준호 사장님이 답답하다는 듯 말을 받았다. 그의 목소리에는 서운함과 분노가 뒤섞여 있었다.

"제가 왜 그랬겠습니까? 현우의 천재적인 재능을, 더 많은 사람들에게 알리고 싶었을 뿐입니다. 그리고… 솔직히 말해, 가게 월세 내는 날이 다가오는 게 두려웠습니다. 현우는 늘 새로운 홉과 맥아를 사들이며 '예술'을 했지만, 직원들 월급을 걱정하고 대출금을 갚는 건 늘 제 몫이었으니까요. 대형 마트 납품은, 우리가 더 이상 돈 걱정 없이 현우가 만들고 싶은 진짜 예술을 할 수 있게 해 줄 유일한 기회였습니다. 그런데 현우는, 저를 돈만 밝히는 속물 취급하더군요."

예술과 경영, 꿈과 현실. 한때는 서로의 가장 큰 장점이었던 두 사람의 다름은 이제 서로를 겨누는 가장 날카로운 칼이 되어 있었다.

그들은 더 이상 대화하지 않았다. 서로를 '꿈을 배신한 친구', '현실 감각 없는 친구'라고 비난하며 마음의 문을 닫아버렸다. 가게는 여전히 잘 돌아가는 것처럼 보였지만, 두 사람의 영혼은 이미 떠나버린 유령 가게나 다름없었다.

김현우 사장이 맥주잔의 거품을 내려다보며 우리에게 마지막으로 이렇게 물었다.

"우리는 십년지기 친구입니다. 그런데 지금은… 돈 때문에 서로를 미워하는 원수가 되어버렸어요. 우리가 다시 예전처럼 돌아갈 수 있을까요?"

유 박사의 골목길 우화

독수리의 두 날개 이야기

하늘의 왕, 독수리에게는 아주 강력한 두 날개가 있었다.

왼쪽 날개는 '예술가'였다. 그는 바람의 결을 느끼고, 구름 사이를 유영하며 아름다운 비행을 하는 것 자체를 사랑했다.

오른쪽 날개는 '공학자'였다. 그는 최소한의 에너지로, 가장 빠르고 효율적으로 목적지에 도달하는 것을 중요하게 생각했다.

어느 날, 두 날개는 서로 다투기 시작했다.

예술가인 왼쪽 날개가 소리쳤다.

"넌 너무 딱딱하고 지루해! 비행의 즐거움도 모르고 그저 앞으로만 가려고 하잖아!"

그러자 공학자인 오른쪽 날개가 맞받아쳤다.

"너는 너무 무모하고 비효율적이야! 너의 쓸데없는 곡예비행이 우리의 에너지를 낭비하고 우릴 위험에 빠뜨린다고!"

화가 난 두 날개는 더 이상 협력하지 않았다. 왼쪽 날개가 혼자 날려 하자, 독수리는 허공에서 빙글빙글 돌기만 했다. 오른쪽 날개가 혼자 날려 하자, 독수리는 땅에서 몇 발자국 퍼덕이다 고꾸라졌다. 땅에 떨어진 독수리는 하늘의 왕에서 한 순간에 여우의 먹잇감으로 전락할 위기에 처했다.

그제야 두 날개는 깨달았다. 왼쪽 날개가 오른쪽 날개에게 말했다.

"너의 강력한 힘이 없으면, 나의 아름다운 비행은 아무 의미가 없구나."

오른쪽 날개도 왼쪽 날개에게 말했다.

"너의 아름다운 비행이 없으면, 나의 강력한 힘은 아무 목적이 없구나."

가장 위대한 비행은 서로 다른 두 날개가 하나의 목표를 향해 완벽한 조화 속에서 함께 날갯짓을 할 때 완성된다.

유 박사의 장사 처방전

두 사장님의 비극은 누가 옳은가의 문제가 아니라, '서로가 얼마나 다른가'를 인정하지 못한 데서 비롯되었습니다. 우정이라는 이름 아래, 가장 중요한 '사업 파트너로서의 규칙'을 세우지 않은 것이 가장 큰 실수였습니다. 깨어진 우정과 사업을 동시에 구할 수 있는, 조금은 차갑지만 반드시 필요한 처방전입니다.

처방 1 **'우정'의 영역과 '동업'의 영역을 분리할 계약서를 다시 쓰십시오.**

지금 두 분에게 필요한 것은 감정적인 화해가 아니라 냉정한 규칙의 재정립입니다. 이것은 서로를 불신해서가 아니라, 오히려 소중한 우정을 비즈니스의 냉혹함으로부터 지키기 위한 최선의 보호 장치입니다.

역할과 최종 결정권을 명확히 하십시오. 김현우 사장님은 최고 맥주 책임자(CBO), 이준호 사장님은 최고 경영 책임자(CEO)임을 명문화하십시오. 신메뉴 개발과 품질에 대한 최종 결정권은 CBO에게, 재무와 마케팅에 대한 최종 결정권은 CEO에게 있음을 서로 인정하고 서면으로 남겨야 합니다.

최악의 시나리오를 미리 합의하십시오. '어떻게 헤어질 것인가'를 미리 정해두는 것이, 역설적으로 관계를 가장 오래 유지하는 방법입니다. 동업을 그만둘 경우 지분은 어떻게 나눌 것인지 가게는 누가 가질 것인지 등 민감한 문제들을 미리 합의해둬야 합니다.

처방 2 **서로의 언어를 배우고, 통역해서 말하십시오.**

아티스트는 가슴으로 말하고, 사업가는 머리로 말합니다. 두 분은 서로 다른 언어를 쓰고 있기 때문에 소통이 되지 않는 것입니다.

상대방의 언어로 제안서를 작성하십시오. 아티스트인 김 사장님은, 새로운 고가의 재료를 쓰고 싶다면 그것이 가게에 어떤 수익적 가치를 가져올 수 있는지 최소한의 데이터를 준비해서 CEO를 설득해야 합니다. 사업가인 이 사장님은, 대중적인 맥주를 만들고 싶다면 그것이 어떻게 CBO의 예술 활동을 장기적으로 지켜줄 수 있는지 그 비전을 설명해야 합니다.

처방 3 '우정의 시간'을 의무적으로 확보하십시오.

두 분은 동업자이기 이전에 친구였습니다. 지금은 일만 남고 친구는 사라져버렸습니다.

'업무 이야기 금지의 날'을 만드십시오. 한 달에 한 번, 의무적으로 가게 이야기는 단 한마디도 하지 않고, 예전처럼 함께 낚시를 가거나 다른 가게에 가서 술을 마시는 '친구의 시간'을 가지십시오. 두 분이 왜 함께 이 힘든 여정을 시작했는지, 그 초심을 되찾는 것이 가장 중요합니다.

우정이란 기초 공사가 무너지면, 그 위에 세운 사업이라는 건물도 함께 무너질 수밖에 없습니다.

오늘의 꿈 한 줄 요약

최고의 동업자는 나와 똑같은 꿈을 꾸는 사람이 아니라,
나의 꿈을 현실로 만들어줄 다른 종류의 꿈을 꾸는 사람이다.

방송 출연 떡볶이집

갑작스러운 성공 속, 성장의 속도를 스스로 통제하는 지혜

오늘의 가게

꿈이 현실이 되자 악몽이 시작되었다

어느 오후, 우리는 한 시장의 입구부터 길게 늘어선 줄을 보고 경악을 금치 못했다. 최소 50명은 넘어 보이는 사람들이 땡볕 아래서 땀을 흘리며 무언가를 기다리고 있었다. 그리고 그들의 시선 끝에는, '원조 할머니 떡볶이'라는 평범한 간판을 단 작은 분식집이 있었다.

"유 박사님, 저기가 오늘 우리가 갈 곳입니까? 여긴 망하게 하고 싶어도 할 수 없을 것 같은데요."

유 박사는 줄 서 있는 사람들의 지친 표정과, 가게 안에서 전쟁을 치르고 있는 사장님의 굳은 얼굴을 번갈아 보며 나지막이 말했다.

"작가님, 장사에서 갑작스런 성공은 축복이 아니라 저주가 될 때가 많습니다."

"뜻밖의 성공이 저주가 된다?"

"준비되지 않은 자에게 주어진 성공은 감당할 수 없는 무게의 왕관과 같죠. 우리는 여기서 자신의 꿈이 이루어지는 순간, 모든 것을 잃어버릴 뻔한 사장님을 만나게 될 겁니다."

한 시간을 기다린 끝에, 우리는 마침내 가게 안으로 들어설 수 있었다. 가게 내부는 그야말로 아수라장이었다. 사장님은 쉴 새 없이 떡볶이를 저으며 땀을 비 오듯 흘리고 있었고, 그의 아내는 주문을 받으며 손님들과 실랑이를 벌이고 있었다. 그들의 얼굴에는 성공의 기쁨은 커녕 하루빨리 이 지옥에서 벗어나고 싶다는 절박함이 서려 있었다.

사장님의 웃픈 성공기

"손님, 그냥 가세요! 제발!"

"꿈만 같았죠, 처음에는."

가게 문을 닫은 밤 12시, 완전히 녹초가 된 오철민(48세, 가명) 사장님이 의자에 주저앉으며 입을 열었다. 그의 '원조 할머니 떡볶이'는 어머니의 손맛을 이어받아 20년간 묵묵히 동네를 지켜온 그야말로 숨은 맛집이었다.

"한 달 전에, 유명한 맛집 프로그램 PD가 가게를 찾아왔어요. 떡볶이 맛에 감동했다면서 촬영하고 싶다고 하더군요. 그날 전 아내를 부둥켜안고 울었습니다. 이제 우리 고생도 끝이라고, 드디어 빛을 보는구나 하고요."

방송이 나간 다음 날, 정말 기적이 일어났다. 가게 문을 열기도 전부터 사람들이 줄을 서기 시작했고 하루 종일 떡볶이는 불티나게 팔려 나갔다. 그는 태어나서 처음으로 만져보는 큰돈을 벌었다. 하지만 그 기적은 정확히 3일 만에 악몽으로 돌변했다.

"감당이 안 됐어요. 둘이서 하루에 만들 수 있는 떡볶이 양은 정해져 있는데, 손님은 10배가 넘게 몰려왔으니까요. 재료는 금방 동나고, 손님들은 밖에서 한 시간을 기다렸는데 왜 못 먹냐고 고함을 질렀죠. 아내는 주문을 받다가 손님과 머리채를 잡고 싸울 뻔했어요."

그의 떡볶이는 정성이 생명이었다. 하지만 밀려드는 주문을 감당하기 위해 정성을 포기하고 속도를 선택해야만 했다. 미리 떡을 삶아두고 양념장도 대충 섞었다. 당연히 맛이 예전 같지가 않았다.

"어느 날 한 단골 할아버지가 그러시더라고요. '사장이 돈벼락 맞더니 초심을 잃었구먼. 이건 자네 어머니가 만들던 그 떡볶이가 아니야.' 그 말을 듣는데, 망치로 머리를 얻어맞은 것 같았어요. 저는 돈을 버는 대신 제 떡볶이의 '영혼'을 팔고 있었던 겁니다."

그날 이후, 그는 손님이 몰려드는 것이 더 이상 기쁘지가 않았다. 오히려 두렵고 짜증이 났다. 그는 줄 서 있는 손님들을 향해 "오늘 재료 다 떨어졌어요! 그냥 가세요!"라며 소리를 지르기 시작했다. 선물처럼 주어진 성공이 오히려 그를 손님과 싸우는 괴물로 만들고 있었다.

"저는 지금 돈을 벌고 있는 게 아닙니다. 제 영혼과 시간을 갈아 넣으며 하루하루를 버티고 있을 뿐이에요. 이 성공이 언제까지 갈까요? 손님들은 금방 변한 맛에 실망하고 떠나겠죠. 저는 그저 예전의 그 한가한 가게로 돌아가고만 싶습니다."

유 박사의 골목길 우화

갑자기 날개를 얻게 된 거북이

땅 위를 묵묵히 걸어 다니던 성실한 거북이가 있었는데, 그의 유일한 꿈은 하늘을 나는 것이었다.

어느 날, 신이 그의 성실함에 감동하여 그에게 독수리보다 더 크고 화려한 날개를 선물했다. 거북이는 기뻐하며 곧 하늘로 날아올랐다. 그리고 난생 처음 보는 멋진 풍경에 감탄했다.

하지만 기쁨도 잠시, 문제가 생겼다. 그의 등껍질은 하늘을 날기에는 너무나 무거웠고, 그의 심장은 높은 고도의 희박한 공기를 감당하지 못했다. 그는 숨이 차고 어지러웠다.

무엇보다 그는 어떻게 '착륙'해야 하는지를 배우지 못했다. 그는 허공에서 허우적거리다가 결국 속도를 이기지 못하고 땅으로 곤두박질치고 말았다.

준비되지 않은 성공은 날개가 아니라 무거운 짐이다. 가장 중요한 지혜는 하늘로 날아오르는 법이 아니라, 언제든 안전하게 땅으로 내려오는 법을 아는 것이다.

유 박사의 장사 처방전

오철민 사장님은 성공이라는 이름의 폭풍우 한가운데에 갇혀버렸습니다. 폭풍우 속에서는 방향을 잃고 좌초되기 십상이죠. 이럴 때 가장 먼저 해야 할 일은, 앞으로 나아가는 것이 아니라 '닻을 내리는 것' 입니다.

처방 1 성장의 속도를 스스로 통제하십시오.

성공에 끌려다니지 마십시오. 당신이 성공을 지배해야 합니다.

'하루 한정 판매'를 선언하십시오. 당신과 아내가 최고의 품질을 유지하며 만들 수 있는 정확한 양을 계산하십시오. 그리고 그 양만큼만 파는 겁니다. 가게 앞에 '저희 떡볶이는 사장님의 체력과 정성을 지키기 위해, 하루 100인분만 정성껏 만듭니다'라고 써 붙이십시오. 이것은 손님들에게 '아무 때나 먹을 수 없는' 희소가치를 부여하고, 당신의 품질 철학을 보여주는 가장 확실한 브랜딩이 됩니다.

처방 2 기다림을 경험으로 바꾸어주십시오.

손님들의 불만은 기다리는 것 자체가 아니라, '아무것도 없이 지루하게' 기다리는 것입니다.

기다리는 손님을 방치하지 마십시오. 작은 종이컵에 시원한 보리차라도 담아 나눠드리며, "오래 기다리게 해드려 정말 죄송합니다. 조금만 기다려주시면 기다린 시간이 아깝지 않은 최고의 떡볶이로 보답하겠습니다"라고 양해를 구하십시오.

작은 즐길 거리를 제공하십시오. 가게 앞에 작은 의자 몇 개를 놓고, 당신 가게의 역사가 담긴 짧은 이야기나 재미있는 잡지를 비치해두십시오. 기다림의 지루함을 기대감과 즐거움으로 바꾸는 작은 배려가 당신 가게의 품격을 다르게 만듭니다.

처방 3 혼자 모든 것을 짊어지려 하지 마십시오.

당신은 슈퍼맨이 아닙니다. 성공의 무게는 함께 나누어야 합니다.

가장 믿을 수 있는 사람의 도움을 받으십시오. 당장 당신의 가게 일을 도와줄 수 있는 믿음직한 가족이나 친구에게 도움을 요청하십시오. 단기 아르바이트생을 고용하는 것보다, 당신의 사정을 이해하는 사람이 옆에 있는 것이 훨씬 더 큰 힘이 됩니다.

가장 잘하는 것에만 집중하십시오. 당신이 떡볶이를 만드는 것에만 집중할 수 있도록 주문, 포장, 설거지 등은 다른 사람에게 맡기십시오. 당신의 에너지를 가장 중요한 곳에 써야 맛과 품질을 지킬 수 있습니다.

오늘의 꿈 한 줄 요약

진정한 성공은 얼마나 높이 올라가느냐가 아니라,
얼마나 오랫동안 당신다움을 지키며 날 수 있느냐에 달려있다.

| PART 2 | 정리 노트

사람이 아니라 구조를 먼저 점검하라

장사가 힘들어질수록 사람 문제처럼 보이는 일이 늘어난다. 가족이 예전 같지 않고, 동업자는 다른 말을 하기 시작하며, 직원은 마음을 모르는 것처럼 행동한다.

이때 사장은 거의 반사적으로 생각한다. 사람을 잘못 만났다고. 내가 너무 믿었다고. 혹은 자신이 너무 순진했다고.

하지만 PART 2의 가게들이 보여주는 것은 조금 다른 이야기다. 사람이 아니라 사람을 다루는 방식, 정확히 말하면 아무 방식도 정하지 않았기 때문이라는 것이다.

가족 장사가 특히 그렇다. 가족이라는 이유로 말하지 않아도 알 거라 믿고, 정하지 않아도 이해해줄 거라 기대한다. 그러나 장사는 마음으로 굴러가지 않는다. 가게는 감정이 아닌 결정으로 유지된다. 역할이 정해지지 않은 관계는 언젠가 반드시 싸우게 되어 있다.

누가 더 많이 했는지, 누가 더 희생했는지, 누가 더 참았는지에 대한 계산은 정리되지 않은 구조에서만 싹튼다. 그리고 경계가 모호해서 문제는 더 커진다.

흔히 구조를 만든다는 말은 사장들에게 골치 아프게 들린다. 뭔가 거창한 시스템, 대기업 같은 조직도를 떠올리기 때문이다.

하지만 현장에서 말하는 구조란 오히려 훨씬 단순하고 그래서 더 잔인하다. 구조란 결정의 책임이 어디에 있는지를 모두가 알고 있는 상태를 말한다.

많은 가게에는 일은 있지만 결정이 없다. 누군가는 매일 일하지만, 누군가는 매일 미룬다. 누군가는 책임을 지고, 누군가는 빠져나간다. 이 차이는 능력이나 성실함이 아니라 처음부터 정해진 위치의 유무에서 생긴다.

가족 장사에서 아버지는 사장이고, 어머니는 경리고, 자식은 현장을 본다. 역할은 있는 것처럼 보이지만 결정의 선은 없다. 매출이 떨어지면 모두가 불안해하지만, 누가 방향을 바꿀지는 아무도 말하지 않는다.

문제가 생기면 회의만 길어지고 결정은 흐려진다. 그리고 결국 가장 힘이 센 사람이, 혹은 가장 오래 버틴 사람이 결정을 대신한다. 이건 구조가 아니라 소모다.

흔히 "가족이라서 더 힘들다"고 말하지만, 정확히는 가족인데 구조를 만들지 않았기 때문에 힘든 것이다.

동업 관계에서도 마찬가지다. 처음에는 모든 게 공평해 보인다. 같이 시작했고, 같이 고생했고, 같이 돈이 없었다.

하지만 시간이 지나면 역할은 조금씩 달라진다. 한 사람은 현장을 붙

잡고, 한 사람은 밖을 본다. 한 사람은 숫자에 익숙해지고, 한 사람은 사람을 관리한다. 이때 구조가 없으면 기여도는 각자의 머릿속에서만 계산된다. 그리고 항상 자신에게 유리한 쪽으로.

"나는 더 많이 했다", "내가 더 책임졌다" 이 말이 오가기 전에 반드시 해야 할 질문이 있다. "우리, 이럴 땐 어떻게 하기로 했지?' 이 질문을 한 번도 테이블 위에 올린 적이 없다면, 그 동업 관계는 언젠가 반드시 깨진다.

직원 관계도 마찬가지다. 사장은 말한다. "요즘 애들은 책임감이 없어." 하지만 현장에서 보면 책임질 수 없는 구조가 먼저 놓여 있는 경우가 허다하다.

결정 권한은 없는데 책임만 요구받는 구조, 기준은 없는데 눈치는 보라는 요구, 잘하면 당연하고 못하면 개인 탓이 되는 환경. 이 안에서 누가 오래 버틸 수 있을까?

사람은 자신이 통제할 수 없는 결과에 책임질 수 없다. 그래서 책임을 요구하기 전에 반드시 물어야 한다. 이 선택을 누가 결정했는가. 결정과 책임이 분리되는 순간 관계는 망가진다.

많은 사장들이 이 지점에서 결단을 미룬다. 구조를 만들면 불편해질까 봐, 사이가 틀어질까 봐, 지금은 어떻게든 돌아가고 있으니까. 하지만 분명히 말할 수 있다. 지금 돌아가는 건 그냥 버티는 거다. 장사는 버티는 상태를 오래 유지하지 못한다.

구조를 만든다는 건 관계를 차갑게 만드는 일이 아니다. 오히려 반대다. 기준이 생기면 감정이 줄어든다. 감정이 줄어들면 관계는 오래 간다. 무너지는 가게의 대부분은 사람이 떠나서가 아니라 사람을 잃은 채 남아서 무너진다.

그래서 이 PART에서는 "사람을 바꾸려 하지 말고 구조를 먼저 점검하라"고 강조하고 싶다.

사람을 바꾸려는 사장은 언제나 지친다. 구조를 세우는 사장은 비로소 판단한다. 장사는 사람의 문제가 아니라 판단의 문제이기 때문이다.

누군가를 탓하기 전에 반드시 자신의 가게를 다른 각도로 바라보길 권한다.

"우린 언제부터 아무것도 정하지 않은 채 버텨왔을까?"

누가 무엇을 결정하는가? 누가 책임지는가? 어디까지가 감정이고 어디부터가 일인가?

이 질문에 답하지 않고 가게의 확장이나 성장을 말하는 것은 기초 공사가 끝나지 않은 건물에 층수를 올리는 것과 같다.

Part 3
생존과 전략

경쟁을 이기는 마케팅 리셋

온라인 평판, 브랜딩, 협업, 재기 등 위기 극복 전략
벼랑 끝 위기, 치열한 경쟁, 디지털 파도 속에서
가게의 생존력을 높이는 실전 전략과 마케팅 기술

꿈만 싣고 달렸던 푸드트럭

실패를 끝이 아닌 '데이터'로 보고, 스토리로 재탄생시켜라

오늘의 가게

성공이 아닌 성장을 파는 사장님을 만나다

이번 우리의 탐방지는 북적이는 맛집 골목이 아니었다. 이제 막 문을 연 동네의 작은 카페에서 한 청년을 만났다.

그는 더 이상 사장님이 아니었다. 한때 누구보다 뜨거운 '장사의 꿈'을 꾸었지만, 그 꿈의 잔해 속에서 이제 막 새로운 길을 찾고 있는 사람이었다. 그의 이름은 강혁(31세, 가명). 1년 전, 자신의 모든 것을 쏟아부었던 푸드트럭 '청춘 타코'를 폐업했다.

유 박사가 그에게 따뜻한 커피를 건네주고 나서 나를 보고 말했다.

"작가님, 우리는 지금까지 성공한 가게들만을 찾아다녔습니다. 하지만 장사의 신은 성공의 순간이 아니라, 실패의 순간에 가장 위대한 지혜를 내려준다고들 하죠. 진정한 꿈의 의미를 알기 위해서는, 우리는 반드시 부서진 꿈의 조각들을 마주해야만 합니다."

이윽고 강혁 씨가 쓴웃음을 지으며, 자신의 '웃픈 실패기'를 담담하게 풀어놓기 시작했다.

사장님의 웃픈 성공기

"저는 장사가 아니라, 예술을 하려 했습니다"

그의 시작은 누구보다도 찬란했다. 미대를 졸업한 그는, 자신의 예술적 감각을 음식에 쏟아붓고 싶다는 열정으로 가득했다. 그는 직접 디자인한 감각적인 푸드트럭과, 수백 번의 연구 끝에 개발한 자신만의 퓨전 타코 레시피가 성공을 보장해줄 것이라 굳게 믿었다.

"저는 최고의 타코를 만들고 싶었어요. 제 트럭, 제 타코, 정말 예쁘고 맛있었거든요. 사람들이 일단 한번 맛보기만 하면 알아서 찾아올 거라고 생각했어요. 저는 장사꾼이 아니라, 거리의 아티스트가 되고 싶었던 거죠."

그의 '청춘 타코'는 꿈과 열정으로 가득했지만, 정작 장사의 기본기는 전혀 갖추지 못했다. 그의 실패담은 우리가 앞서 만났던 모든 사장님들이 피땀으로 얻어낸 교훈들을 정확히 반대로 실행한 완벽한 '실패 교과서'였다.

1호점 '정성백반'의 교훈을 무시했다 (콘셉트와 상권).

"저는 상권 분석 같은 건 하지 않았어요. 그냥 그날그날 기분에 따라, 제가 예쁘다고 생각하는 장소로 트럭을 몰고 갔습니다. 어르신들이 많이 다니는 공원 앞에서 멕시코 퓨전 타코를 팔려고 했죠. 당연히 아무도 사 먹지 않았습니다.

3호점 '할매국수'의 교훈을 무시했다 (마케팅).

"저는 제 타코가 맛있으면, 손님들이 알아서 SNS에 올려줄 거라고 믿었어요. 홍보 전단지를 돌리거나, SNS 계정을 만드는 건 제 아티스트의 자존심이 허락하지 않았습니다."

12호점 '가족 빵집'의 교훈을 무시했다 (경영과 재무).

"원가 계산 같은 건 해본 적이 없어요. 그냥 최고급 재료만 썼습니다. 손님을 끌기 위해 가격은 싸게 받았죠. 지금 생각해보면, 저는 타코를 파는 게 아니라, 제 돈을 손님들에게 나눠주고 있었던 겁니다."

결국 1년도 채 되지 않아 그의 모든 자본금은 바닥났다. 그는 자신의 분신과도 같았던 푸드트럭을 중고 매물로 내놓던 날, 텅 빈 트럭 안에서 펑펑 울었다고 했다.

그의 이야기는 실패한 청년의 흔한 신세 한탄처럼 들릴 수도 있었다. 하지만 그의 눈은 놀랍게도 패배자의 눈이 아니었다. 오히려 깊은 깨달음을 얻은 현자의 눈빛에 가까웠다.

"트럭을 팔고 몇 달간은 정말 지옥 같았습니다. 저는 실패자였고, 세상 모든 사람이 저를 비웃는 것 같았어요. 그런데 어느 날 문득 그런 생각이 들더라고요. '나는 돈과 트럭을 잃었지만, 대신 무엇을 얻었을까?' 하고요."

그는 창밖의 분주한 거리 풍경을 바라보며 말을 이었다.

"저는 그 1년 동안, 세상에서 가장 비싼 경영학 수업을 들었다는 생각이 들어요. 수천만 원짜리 MBA 과정이었죠. 저는 '장사는 예술이 아니라 현실'이라는 것, '열정만으로는 월세를 낼 수 없다'는 것, 그리고 '실패는 끝이 아니라 데이터'라는 것을 배웠습니다. 저는 망한 게 아니라, 이제 겨우 졸업한 거였어요."

그의 마지막 말에 나와 유 박사는 아무 말도 할 수 없었다. 성공 신화보다 더 귀중한, '명예로운 실패'의 가치를 목격하고 있었기 때문이다.

유 박사의 골목길 우화

금이 간 항아리 이야기

옛날, 한 도예가에게 두 명의 제자가 있었다. 스승은 두 제자에게 똑같은 흙을 주며 세상에서 가장 완벽한 항아리를 만들어보라고 과제를 내주었다.

첫 번째 제자는 완벽주의자였다. 물레를 돌리며 단 1mm의 오차도 허용하지 않았다. 그는 선과 면, 두께가 완벽하게 균일한 흠잡을 데 없이 아름다운 백자 항아리를 만들어냈다.

두 번째 제자는 열정적이고 도전적인 사람이었다. 그 역시 아름다운 항아리를 거의 다 완성해가고 있었지만, 마지막 순간에 작은 실수를 저질러 항아리 표면에 긴 금이 가고 말았다. 그는 절망했다. 하지만 그냥 깨뜨려버리기엔 너무나 아까웠다. 그래서 스승 몰래 그 금이 간 틈을 금(金)으로 덧칠하여 메웠다.

마침내 스승이 두 제자의 작품을 심사하게 되었다. 스승은 첫 번째 제자의 완벽한 항아리를 보고 고개를 끄덕였다.

"훌륭하구나. 너의 기술은 경지에 올랐다."

스승이 이번에는 두 번째 제자의 금빛 선이 새겨진 항아리를 보았다.

그는 한참 동안 항아리를 말없이 바라보더니, 그 제자를 향해 빙그레 웃었다.

"이 항아리가 더 위대하구나."

모두가 의아해하자, 스승이 말했다.

"완벽한 항아리는 그저 아름다울 뿐 어떤 이야기도 담고 있지 않다. 하지만 이 금이 간 항아리는 자신의 상처를 부끄러워하지 않고 오히려 가장 빛나는 부분으로 승화시킨 '이야기'를 품고 있구나. 이것은 단순한 항아리가 아니라, 시련을 이겨낸 '생존자'다. 세상에 단 하나뿐인 작품이지."

가장 위대한 아름다움은 완벽함이 아니라, 상처와 그것을 극복해낸 흔적에 있다.

유 박사의 장사 처방전

강혁 사장님의 실패는 부끄러운 과거가 아닙니다. 오히려 수천만 원을 주고도 살 수 없는 가장 값진 자산입니다. 실패를 두려워하는 모든 예비 창업자, 그리고 실패의 늪에 빠진 사장님들을 위한 처방전입니다.

처방 1 **실패를 기록하고 부검하십시오.**

최악의 실패는 아무것도 배우지 못하고 그냥 잊어버리는 실패입니다. 고통스럽더라도, 당신의 실패를 철저하게 분석해야 합니다.

'실패 노트'를 작성하십시오. 왜 실패했는가? 나의 가장 큰 착각은 무엇이었는가? 다시 돌아간다면 절대 하지 않을 행동은 무엇인가? 이 질문들에 대한 답을 구체적으로 기록하십시오. 이 고통스러운 '부검'의 과정이야말로, 당신이 똑같은 실수를 반복하지 않도록 막아줄 가장 확실한 예방주사입니다.

처방 2 **실패를 '스토리'로 재탄생시키십시오.**

사람들은 완벽한 성공 신화보다, 처절한 실패를 딛고 일어선 사람의 이야기에 훨씬 더 깊이 공감하고 신뢰를 보냅니다. 당신의 실패담은 이제 당신의 가장 강력한 무기입니다.

당신의 실패를 '강의'하십시오. 다음 창업을 위한 투자자를 만나거나 새로운 팀원을 구할 때, 당신의 실패 이야기를 솔직하고 유머러스하게 들려주십시오.

"제가 예전에 이런 바보 같은 실수들로 수천만 원을 날려봤는데요, 덕분에 이제는 돈을 잃지 않는 법에 대해서는 누구보다 전문가가 되었습니다."

이 한마디가 명문대 MBA 졸업장보다 더 큰 신뢰를 줄 것입니다.

처방 3 **'명예로운 실패'를 스스로 축하하십시오.**

결과만능주의 사회는 성공이 아니면 모두 실패자라고 낙인찍습니다. 그 프레임에 갇히지 마십시오.

관점을 바꾸십시오. 아무것도 시도하지 않은 채 방구석에서 비평만 하는 사람과, 비록 실패했지만 자신의 꿈을 향해 용감하게 도전한 당신 중 누가 더 위대한 삶을 살고 있는 것입니까? 도전하는 모든 사람은 그 결과와 상관없이 존중받을 자격이 있습니다. 당신의 실패는 부끄러운 낙인이 아니라, 당신이 인생이라는 경기에 직접 참여한 '선수'였음을 증명하는 영광의 훈장입니다.

오늘의 꿈 한 줄 요약

완벽한 성공보다 위대한 것은 상처 입은 자의 '생존 서사'다.
진정한 장인은 수많은 실패를 금빛으로 메워
자신만의 고유한 문양을 만들어낸 사람이다.

벼랑 끝 식당 가장

모든 것을 잃었을 때, 가장 자신 있는 하나만 다시 시작하라

오늘의 가게

불 꺼진 간판 아래, 꺼지지 않는 가장의 무게

늦은 밤, 우리는 더 이상 불이 켜지지 않는 한 낡은 식당 앞에 섰다. 가게 이름은 '가족 식당'. 한때는 동네 사람들의 따뜻한 저녁 식사를 책임졌을 그곳은, 이제 굳게 닫힌 셔터와 뿌옇게 먼지 쌓인 유리창만이 남아 스산한 기운마저 감돌았다. 가게 앞에는 '임대 문의' 전단지가 붙어 있었다.

"유 박사님… 이곳은 이미 문을 닫은 것 같습니다."

내 말에 유 박사는 한숨을 쉬며 셔터 문을 가리켰다. 자세히 보니, 셔터 문 안쪽에서 아주 희미한 불빛 하나가 새어 나오고 있었다.

"아닙니다. 저 안에는 아직 사장님이 계십니다. 다만… 세상으로 나올 용기를 잃어버렸을 뿐이죠. 우리는 여기서, 실패가 단순한 좌절을 넘어 한 사람의 삶 전체를 집어삼키는 순간을 목격하게 될 겁니다. 그리고 그 칠흑 같은 어둠 속에서도, 기어코 다시 일어설 이유를 찾아야만 하는 한 가장의 처절한 몸부림을 듣게 되겠죠."

우리는 조심스럽게 셔터 문을 두드렸다.

한참 뒤, 문이 빼꼼 열리고 지친 눈의 한 중년 남자가 우리를 경계하며 바라보았다.

사장님의 웃픈 성공기

"죽는 것 말고는 방법이 없습니다"

어둠만이 내려앉은 식당 안, 차가운 플라스틱 의자에 마주 앉은 남자의 이름은 박상철(58세, 가명) 씨였다. 그는 20년간 운영해 온 이 작은 한식당의 주인이었다. 테이블 위에는 텅 빈 소주병 몇 개와, 독촉장으로 보이는 우편물들이 흩어져 있었다.

이윽고 그가 들려준 이야기는, 희망이라고는 도저히 찾아볼 수 없는 깊은 절망의 늪과 같았다.

"IMF 때도 버텼고, 금융 위기 때도 버텼습니다. 그런데 이번엔… 못 버티겠네요."

코로나 팬데믹과 연이은 경기 침체는 그의 작은 식당을 뿌리부터 흔들었다. 손님은 절반 이하로 줄었고, 식자재 값과 공공요금은 하늘 높은 줄 모르고 치솟았다. 그는 어떻게든 버티기 위해 은행 대출을 받았고, 친척과 친구들에게까지 손을 벌렸다. 하지만 상황은 나아지지 않았다.

"매일 아침 눈을 뜨는 게 지옥 같습니다. 오늘도 빈 가게를 지켜야 한다는 사실, 빚 독촉 전화에 시달려야 한다는 현실이… 차라리 눈을 뜨지 않았으면 좋겠다는 생각을 수백 번도 더 했습니다."

이미 가게 문을 닫은 지 한 달이 넘었다고 했다. 하지만 폐업 신고조차 하지 못하고 있었다. 가게 보증금은 이미 대출금 이자로 다 사라졌고, 폐업을 하려면 밀린 월세와 철거 비용까지 추가로 필요했기 때문이다. 폐업조차 그에게는 사치였다.

"아내와 아이들 볼 면목이 없습니다. 착실하게 직장 다니는 친구들 볼 용기도 없고요. 저는 그냥… 실패한 인생입니다. 빚만 남은 껍데기죠. 이 상황에서 제가 뭘 더 할 수 있겠습니까? 솔직히 말하면, 죽는 것 말고는 아무런 방법이 떠오르지 않습니다."

그의 마지막 말은 너무나 담담해서 오히려 비명처럼 들렸다. 나와 유 박사는 어떤 위로의 말도 쉽게 건넬 수 없었다. 그의 절망은 단순한 장사의 실패가 아니라, 한 평생 성실하게 살아온 한 가장의 삶 전체가 무너져 내리는 소리였기 때문이다.

유 박사는 한참 동안 침묵하다가, 그의 떨리는 손을 물끄러미 바라보며 조용히 입을 열었다.

"사장님, 혹시… 예전에 사장님 식당에서 가장 인기 있었던 메뉴가 뭐였습니까?"

뜬금없는 질문에 박 사장님은 잠시 의아한 표정을 지었다.

"우리 집… 김치찌개였죠. 손님들이 그거 하나는 정말 맛있다고 했는데…."

그의 눈빛이 아주 잠시, 과거의 어느 빛나던 순간을 떠올리듯 희미하게 흔들렸다.

유 박사의 골목길 우화

마지막 잎새 이야기 (오 헨리 단편 각색)

어떤 도시에, 폐렴으로 죽어가던 젊은 화가가 있었다. 그녀는 창밖 담쟁이덩굴 잎이 하나씩 떨어지는 것을 보며, 마지막 잎새가 떨어지면 자신도 죽을 것이라고 생각했다.

밤새 거센 비바람이 몰아쳤다. 다음 날 아침, 화가는 이제 모든 것이 끝났다고 생각하며 힘겹게 창밖을 보았다. 그런데 놀랍게도, 담벼락에는 마지막 잎새 하나가 위태롭게 매달려 있었다. 그 잎새는 그 다음 날에도, 또 그다음 날에도 떨어지지 않았다. 그 나뭇잎을 보며 젊은 화가는 삶에 대한 의지를 되찾았다.

'저 작은 잎새도 저렇게 버티고 있는데, 내가 이렇게 포기할 수는 없지.'

그녀는 기적적으로 병을 이겨내고 다시 그림을 그리기 시작했다.

하지만 그녀는 알지 못했다. 그 마지막 잎새는 진짜 잎새가 아니었다는 것을. 아랫집에 살던 늙은 화가가, 그녀를 살리기 위해 비바람 치던 날 밤 오래도록 담벼락에 그려 넣은 '가짜 잎새'였다는 사실을.

늙은 화가는 그날 밤 얻은 폐렴으로 세상을 떠났지만, 그의 마지막 작품은 한 생명을 살렸다.

때로 가장 절망적인 순간에 우리를 살리는 것은, 거창한 기적이 아니라 누군가가 나를 위해 보여준 아주 작은 '희망의 증거' 일지도 모른다.

유 박사의 장사 처방전

박상철 사장님은 지금 모든 것을 잃었다고 생각합니다. 하지만 그에게는 아직 세상 그 무엇과도 바꿀 수 없는, 가장 강력한 자산이 남아있습니다. 그것은 바로 '김치찌개를 맛있게 끓이는 손'과, 그 맛을 기억하는 사람들입니다. 절망의 가장 밑바닥에서 다시 시작하는 사장님을 위한, 아주 작은 첫걸음용 처방전입니다.

처방 1 죽음이 아닌 생존을 위한 계획을 세우십시오.

지금 사장님께 필요한 것은 돈이 아니라, '내가 아직 무언가를 할 수 있다'는 작은 희망의 증거입니다.

딱 한 가지만 다시 시작하십시오. 가게 전체를 다시 열 생각은 잠시 접어두십시오. 대신, 사장님이 가장 자신 있는 김치찌개 딱 하나만, 포장 및 배달 전문으로 다시 시작해보는 겁니다. 주방의 작은 공간과 최소한의 재료만 있으면 됩니다. 큰돈을 벌겠다는 목표가 아니라, '나는 아직 요리를 할 수 있다'는 생존 확인이 목표입니다.

처방 2 돈을 빌리는 대신, 기회를 빌리십시오.

더 이상 지인들에게 돈을 빌려 부담을 주지 마십시오. 대신 그들의 도움을 성공의 발판으로 활용하십시오.

미안함을 투자로 바꾸십시오. 돈을 빌려준 친구들에게 상황을 솔직하게 설명하고, 이렇게 제안하십시오.

"내가 지금 돈은 못 갚지만, 대신 내가 다시 만든 김치찌개를 맛보고 냉정한 평가를 해줄 수 있겠니? 만약 맛있다면, 너희 회사 동료들에게 점심 메뉴로 추천해줄 수 있을까?"

이러면 당신의 빚은 그들에게 '짐'이 아니라, 당신의 재기를 돕는 '명예로운 투자'가 될 수 있습니다.

처방 3 당신의 약점을 세상에 도움을 요청하는 신호로 사용하십시오.

혼자 모든 것을 짊어지려 하지 마십시오. 당신의 고통을 세상에 알리고 도움을 요청하는 것은 부끄러운 일이 아닙니다.

'솔직한 이야기'를 파십시오. 배달 앱 가게 소개란에, 화려한 미사여구 대신 당신의 진솔한 이야기를 적으십시오.

"20년간 운영하던 식당이 문을 닫았습니다. 하지만 제 인생의 마지막 자부심이었던 김치찌개 하나만은 포기할 수 없어 배달로나마 다시 여러분을 찾아뵙니다. 이 찌개 한 그릇이 저에게는 다시 일어설 용기입니다."

당신의 진심은, 그 어떤 할인쿠폰보다 더 강력하게 사람들의 마음을 움직일 것입니다.

오늘의 꿈 한 줄 요약

세상의 모든 문이 닫혔다고 느껴질 때,
당신의 두 손 안에 남아 있는 아주 작은 씨앗 하나를 바라보라.
그것으로부터 모든 것이 다시 시작될 수 있다.

별점 테러에 시달리는 치킨집

악성 리뷰에 논리로 맞서지 말고 팬덤으로 압도하라

오늘의 가게

보이지 않는 적과 싸우는 투명인간 사장님

우리는 배달 오토바이들이 쉴 새 없이 오가는 한 오피스텔 상가 앞을 찾아갔다. 그곳에는 간판도 테이블도 없는, 작은 주방 하나가 전부인 배달 전문 치킨집이 있었다. 가게 이름은 '정직한 치킨'. 가게 안에서는 젊은 사장님이 이른 아침부터 신선한 닭을 정성껏 손질하고 있었다.

"유 박사님, 이곳은 손님을 직접 만나는 가게가 아니군요. 배달 전문점은 또 다른 세상일 것 같습니다."

유 박사가 젊은 사장님의 스마트폰 화면을 가리키며 말했다.

"맞습니다, 작가님. 이곳의 전쟁터는 골목이 아니라 바로 저 작은 화면 속입니다. 우리는 여기서 세상에서 가장 정직한 치킨을 만들지만, 단 하나의 악의적인 리뷰 때문에 가게 문을 닫을 뻔한 사장님을 만날 겁니다. 그리고 보이지 않는 적의 공격으로부터 꿈과 멘탈을 지켜내는 방법에 대해서도요."

사장님의 웃픈 성공기

"그 리뷰는 제 심장에 박힌 가시입니다"

'정직한 치킨'의 이정훈(33세, 가명) 사장님은 대기업을 퇴사하고, 자신의 전 재산을 털어 가게를 차린 열정 넘치는 청년이었다. 그의 원칙은 단 하나, '내 아이에게도 먹일 수 있는 정직한 치킨을 만들자'는 것이었다. 그는 매일 아침 가장 신선한 닭을 직접 받아 손질했고, 튀김 기름도 하루에 두 번씩 교체했다.

그의 진심은 통했다. 배달앱의 리뷰에는 '인생 치킨을 만났어요', '사장님의 정직함이 느껴져요' 같은 칭찬이 쌓여갔고, 가게는 금방 '별점 4.9점'의 동네 맛집으로 자리 잡았다.

그런데 비극은 어느 날 밤 예고 없이 찾아왔다. 배달앱에 별점 1개와 함께 단 한 줄의 리뷰가 달린 것이다.

"닭뼈가 너무 딱딱해서 이빨 부서질 뻔했네요. 다시는 안 시켜먹음."

이정훈 사장님은 그 리뷰를 보고 처음에는 실소를 터뜨렸다고 했다. 닭뼈가 딱딱하다니, 세상에 그런 불만은 들어본 적도 없었다. 명백한 악의적 흠집 내기라고 생각했다. 그는 분노에 차서 논리적으로 반박하는 댓글을 달았다.

"고객님, 저희는 국내산 신선육만을 사용하며, 모든 닭은 정상적으로 조리되었습니다. 닭뼈의 강도는 저희가 조절할 수 있는 부분이 아닙니다. 불편을 드렸다면 죄송하지만, 이 부분은 저희의 잘못이라고 보기 어렵겠네요."

그의 대응은 합리적이었지만 최악의 실수였다. 그 댓글을 본 다른 잠재 고객들은 그를 잘못을 인정하지 않는 뻣뻣한 사장으로 오해하기 시작했다. 그날 이후, 주문은 눈에 띄게 줄었다. 별점 4.9점의 명성은 단 하나의 별점 1점 리뷰와 사장의 어설픈 대응으로 순식간에 무너져 내렸다.

"그 리뷰는 지금도 제 심장에 박힌 가시 같아요. 누가 왜 그랬는지는 중요하지 않아요. 문제는 그 보이지 않는 손가락 하나가 제 모든 노력과 진심을 쓰레기로 만들어버릴 수 있다는 공포였어요. 저는 매일 밤 악몽을 꿨습니다. 또 다른 별점 1점이 달릴까 봐, 배달앱 알림 소리만 들어도 심장이 철렁 내려앉았어요."

그는 한동안 리뷰를 보는 것을 포기했다. 하지만 그것은 가게를 더 깊은 수렁으로 빠뜨릴 뿐이었다.

그러던 어느 날, 그는 자신을 구원해 줄 아주 작은 깨달음을 얻었다.

"텅 빈 가게에 앉아 있는데, 문득 그런 생각이 들었어요. '나는 왜 보이지 않는 단 한 명의 적과 싸우느라 나를 응원해주는 아흔아홉 명의 팬을 외면하고 있었을까?' 하고요."

그는 그날부터 싸움의 방식을 바꾸기로 결심했다.

유 박사의 골목길 우화

숲속의 메아리

숲속에 사는 어린 늑대는 세상 모든 것이 불만이었다. 그는 숲을 향해 소리쳤다.

"이 멍청한 숲! 다 싫어!"

그러자 숲은 "이 멍청한 숲! 다 싫어!"라고 대답했다.

늑대는 숲이 자신을 미워한다고 생각하며 더 크게 화를 냈다.

어느 날, 숲의 현자인 늙은 부엉이가 어린 늑대를 찾아와 말했다.

"내일 아침에는 숲을 향해 이렇게 한번 외쳐 보거라. '사랑해! 고마워!'라고."

다음 날, 늑대는 반신반의하며 숲을 향해 외쳤다.

"사랑해! 고마워!"

그러자 숲은 똑같이 "사랑해! 고마워!"라고 대답해주었다.

늑대는 처음으로 숲이 자신에게 따뜻한 말을 건네는 것을 들었다.

'온라인 세상'이라는 숲은 당신이 내뱉는 말을 그대로 당신에게 돌려주는 거대한 메아리와 같다. 당신이 분노를 외치면 분노가 돌아오고, 감사를 외치면 감사가 돌아온다.

유 박사의 장사 처방전

이정훈 사장님의 고통은, 보이지 않는 익명의 공격이 얼마나 파괴적인지를 보여줍니다. 하지만 동시에, 위기를 어떻게 기회로 바꿀 수 있는지도 보여주죠. 온라인 평판 때문에 잠 못 이루는 사장님들을 위한 처방전입니다.

처방 1 감정에 논리로 맞서지 마십시오.

악성 리뷰는 논리적인 주장이 아니라, 감정적인 배설에 가깝습니다. 여기에 논리로 맞서는 것은 불에 기름을 붓는 격입니다.

먼저 공감하고, 사과하십시오. 설령 고객의 주장이 말도 안 되는 것이라도, 일단 "고객님, 먼저 불편한 경험을 드린 점 진심으로 사과드립니다"라고 시작하십시오. 사실에 대한 인정이 아니라, 고객의 감정에 대한 공감입니다. 이것만으로도 대부분의 감정적인 문제는 해결됩니다.

처방 2 광장을 밀실로 옮기십시오.

공개적인 댓글 창에서 고객과 싸우는 것은 가게에 자살폭탄 테러를 하는 것과 같습니다. 무조건 싸움의 장소를 비공개적인 곳으로 옮겨야 합니다. 또 공개적으로는 품위 있게, 개인적으로는 확실하게 해야 합니다.

공개 댓글에는 "고객님, 말씀해주신 부분에 대해 저희가 더 자세히 파악하고 제대로 보상해드리고 싶습니다. 번거로우시겠지만 가게로 전화 한번 부탁드려도 괜찮을까요?"라고만 남기십시오. 그러면 다른 고객들은 당신을 책임감 있는 사장으로 인식할 것입니다. 그리고 실제 전화 통화를 통해 문제를 해결하십시오.

처방 3 최고의 방어는 압도적인 공격입니다.

악성 리뷰 하나에 흔들리지 않는 가장 좋은 방법은, 수백 개의 좋은 리뷰로 그 악성 리뷰를 '잉크 한 방울'처럼 희석시켜 버리는 것입니다.

좋은 리뷰를 구걸하지 말고, '설계'하십시오.

만족한 고객은 리뷰를 잘 쓰지 않습니다. 그들이 리뷰를 쓰도록 멍석을 깔아주십시오. 배달 음식 포장지에 손글씨로 "맛있게 드셨다면, 저희에게 큰 힘이 되는 리뷰 하나만 부탁드려요!"라고 적거나, 리뷰 이벤트를 통해 작은 보상을 제공하십시오. 침묵하는 다수를 당신의 든든한 아군으로 만드십시오.

오늘의 꿈 한 줄 요약

보이지 않는 한 명의 적을 두려워하지 마라.
당신의 진심을 아는 아흔아홉 명의 팬들이 지켜줄 것이다.

원조보다 더 원조 같은 짝퉁 마카롱 가게

짝퉁은 훔칠 수 없는 '당신의 이야기'를 전면에 내세워라

오늘의 가게

'나'를 도둑맞은 사장님의 분노와 눈물

아침 햇살이 퍼지기 시작한 서울의 한 디저트 골목. 우리는 나란히 붙어있는 두 개의 마카롱 가게 앞에 섰다. 왼쪽 가게의 이름은 '오롯이, 마카롱', 오른쪽은 '오로지, 마카롱'. 간판의 글씨체도, 파스텔톤의 인테리어도, 심지어 진열된 마카롱의 종류와 모양까지 소름 돋을 정도로 비슷했다.

"유 박사님… 이건 좀 심한데요. 어느 쪽이 원조입니까?"

유 박사가 왼쪽 가게 '오롯이, 마카롱'을 가리켰다.

"왼쪽이 1년 먼저 문을 연 원조 가게입니다. 그리고 오른쪽은, 한 달 전 원조 가게에서 일하던 직원이 나와서 차린 가게죠. 우리는 오늘 가장 소중한 '나다움'을 도둑맞은 한 사장님을 만나게 될 겁니다. 그리고 그녀가 분노와 좌절을 넘어, 어떻게 그 누구도 흉내 낼 수 없는 진짜 오리지널이 되어가는지를 목격할 겁니다."

우리가 들어간 '오롯이, 마카롱'의 내부는 겉보기와 달리 무거운 침묵이 흐르고 있었다. 젊은 여사장님은 억지로 미소를 지으며 우리를 맞았지만, 그 눈에는 깊은 분노와 피로가 서려 있었다.

사장님의 웃픈 성공기

"내 모든 것을 베껴갔어요"

윤소희(32세, 가명) 사장님은 '인절미 마카롱', '쑥 마카롱' 등 우리 전통적인 재료를 활용한 독창적인 레시피로 이 골목의 작은 스타가 된 인물이었다. 가게 '오롯이'는 그녀의 모든 것이었다.

"저는 제 가게에 제 영혼을 갈아 넣었어요. 메뉴 하나, 인테리어 소품 하나까지 제 손길이 닿지 않은 곳이 없어요. '오롯이 나답게'라는 의미로 가게 이름도 지었고요. 그런데…."

그녀의 목소리가 떨리기 시작했다.

"1년을 함께 동고동락했던 직원이, 나가자마자 바로 옆자리에 똑같은 가게를 차릴 줄은 꿈에도 몰랐어요. 메뉴, 인테리어, 심지어 제가 손님들께 건네던 농담까지 전부 다 베껴갔어요. 어떤 손님들은 제가 2호점을 낸 줄 알아요. 또 어떤 손님들은 제가 저 집을 베낀 줄 알고요. 미쳐버릴 것 같아요."

처음 그녀는 분노에 차서 할 수 있는 모든 것을 했다. SNS에 옆 가게의 만행을 폭로하는 글을 올리기도 하고, 찾아오는 손님들에게 저 집은 '짝퉁'이라고 하소연도 했다. 하지만 그럴수록 상황은 악화되었다. 사람들은 그녀를 속 좁은 사장, 옆 가게를 시기하는 사람으로 보기 시작했다. 그녀의 분노는 오히려 옆 가게의 노이즈 마케팅이 되어주고 있었다.

"법적으로는 어떻게 할 수가 없대요. 레시피나 인테리어는 특허를 낼 수 있는 게 아니니까요. 싸우면 싸울수록 저만 비참해지고, 제 이미지만 나빠졌어요. 저는 제 모든 것을 도둑맞았는데 할 수 있는 게 아무것도 없다는 무력감에 매일 밤 울었습니다."

그녀는 가격 경쟁이라도 해볼까 했지만, 그건 함께 죽는 길임을 알고 있었다. 그녀가 할 수 있는 것은 아무것도 없어 보였다. 하지만 바로 그 절망의 순간에 그녀는 이 싸움의 본질을 깨달았다.

"어느 날, 텅 빈 가게에 앉아 있는데 그런 생각이 들었어요. '저 사람이 내 메뉴와 인테리어는 훔쳐갈 수 있어도 절대 훔쳐갈 수 없는 것도 있지 않을까?' 하고요. 그게 뭘까? 바로 제 머릿속에 있는 아이디어, 제 손끝의 기술, 그리고 이 가게를 시작했던 제 이야기와 철학. 그건 절대 훔쳐갈 수 없는 거잖아요?"

그녀는 더 이상 옆 가게와 싸우지 않기로 결심했다. 대신 아무도 넘볼 수 없는 오리지널이 되기 위한 자기 자신과의 싸움을 시작했다.

호기심이 끓어오른 나에게 유 박사가 말했다.

"가장 소중한 '나다움'을 도둑맞은 사장님. 정말 억울하고 절망적인 상황입니다. 과연 그녀는 어떻게 자신을 증명하고 이 위기를 돌파했을까요?"

유 박사의 골목길 우화

진짜 꾀꼬리와 가짜 꾀꼬리

아주 오랜 옛날, 숲속에 노래를 아주 잘하는 꾀꼬리가 살았다. 그의 노래는 너무나 아름다워서 모든 동물이 그의 노래를 듣기 위해 모여들었다.

그런데 어느 날, 그 꾀꼬리와 모습이 똑같은 가짜 꾀꼬리가 나타났다. 가짜 꾀꼬리는 진짜 꾀꼬리의 노래를 녹음해서 밤새도록 연습한 뒤 똑같이 흉내 냈다. 심지어 더 큰 소리로 노래를 불렀다. 그러자 몇몇 동물들은 누가 진짜인지 헷갈리기 시작했다.

진짜 꾀꼬리는 슬픔에 빠졌지만, 가짜와 싸우는 대신 깊은 숲으로 들어가 새로운 노래를 만들기 시작했다. 그는 비가 내리는 소리를, 바람이 나뭇잎을 스치는 소리를, 시냇물이 흐르는 소리를 들으며 자신만의 새로운 멜로디를 만들었다.

며칠 뒤, 숲속에서 음악회가 열렸다. 가짜 꾀꼬리가 먼저 나서서, 예전에 훔친 노래를 아주 크고 완벽하게 불렀다. 동물들은 박수를 쳤다.

다음으로 진짜 꾀꼬리의 차례가 되었다. 그는 무대에 올라 숲의 모든 소리가 담긴, 세상 어디에서도 들어본 적 없는 자신만의 새로운 노래를 부르기 시작했다. 그의 노래에는 그가 겪었던 슬픔과 자연에서 얻은 깨달음, 그리고 희망이 담겨 있었다.

동물들은 숨을 죽였다. 가짜 꾀꼬리의 노래가 완벽한 '기술'이었다면, 진짜 꾀꼬리의 노래는 살아있는 '영혼'이었기 때문이다.

그날 이후, 동물들은 더 이상 두 꾀꼬리를 헷갈리지 않았다.

흉내 낼 수 있는 것은 진짜가 아니다. 당신의 이야기가 담긴 것만이, 세상에 단 하나뿐인 진짜다.

유 박사의 장사 처방전

윤소희 사장님은 싸움의 무대를 바꾸는 현명한 선택을 했습니다. 바로 제품이 아닌 브랜드의 싸움으로. 짝퉁은 제품을 베낄 수는 있지만, 브랜드의 이야기와 철학은 절대 훔쳐갈 수 없기 때문입니다. '미투 전략'에 고통받는 사장님들을 위한 처방전입니다.

처방 1 모방할 수 없는 '당신의 이야기'를 전면에 내세우십시오.

지금까지는 제품 뒤에 숨어 있었다면, 이제는 사장님 자신이 가게의 얼굴이자 브랜드가 되어야 합니다.

사장님을 파십시오. 가게 한쪽에 '오롯이, 마카롱 이야기'라는 코너를 만드십시오. 당신이 왜 한국적인 마카롱을 만들게 되었는지, '인절미 마카롱'을 개발하기 위해 얼마나 많은 콩가루를 맛보았는지, 그 모든 과정을 진솔한 이야기로 써 내려가십시오. 손님들은 이제 마카롱을 사는 것이 아니라 당신의 스토리와 철학을 사게 될 것입니다.

과정을 공개하십시오. 신메뉴 개발 과정을 SNS에 공개하십시오. 실패하는 모습도 괜찮습니다. 오히려 그 인간적인 모습이 손님들을 당신의 '찐팬'으로 만들 것입니다. 과정을 공유하는 순간 손님은 단순한 소비자가 아니라 당신의 꿈을 응원하는 동반자가 됩니다.

처방 2 제품이 아닌 경험을 파십시오.

짝퉁 가게는 마카롱 제품은 베낄 수 있어도, 당신의 가게가 제공하는 경험까지 베낄 수는 없습니다.

커뮤니티를 만드십시오. 한 달에 한 번 마카롱 시식회나 신메뉴 개발 토론회를 여십시오. 단골들을 초대해 함께 메뉴를 만들고, 가게에 대한 이야기를 나누는 시간을 갖는 겁니다. 그래서 당신의 가게를 단순히 물건을 파는 곳이 아닌, 취향이 맞는 사람들이 모이는 문화 공간으로 만드십시오.

오리지널리티를 각인시키십시오. 가게의 모든 포장지, 냅킨, 스티커에 '오롯이, 마카롱 SINCE 2024'처럼 당신이 원조임을 알리는 문구를 자부심 있게 새겨 넣으십시오.

처방 3 당신의 찐팬을 만들고 그들을 편애하십시오.

모든 손님에게 사랑받으려 하지 마십시오. 당신의 이야기와 철학을 알아주는 소수의 진짜 팬에게 모든 것을 쏟아부으십시오.

그들을 기억하십시오. 단골손님의 이름이나 좋아하는 맛을 기억했다가 먼저 알아봐 주십시오. "OO님, 오늘은 찾으시던 인절미 마카롱 넉넉하게 준비해뒀어요." 이 한마디가 당신과 옆 가게의 격을 완전히 다르게 만들 겁니다.

그들에게 보상하십시오. 당신을 지지해주는 진짜 팬에게는 더 좋은 혜택을 주십시오. 신메뉴를 가장 먼저 맛볼 기회를 주거나 작은 선물을 챙겨주십시오. 그들이 바로 옆 가게의 공세로부터 당신을 지켜줄 가장 강력한 아군이자 최고의 마케터들입니다.

오늘의 꿈 한 줄 요약

짝퉁은 당신의 '무엇'을 모방하지만,
당신의 '왜?'는 절대 모방할 수 없다.

안면도 바닷가 횟집

뜨내기손님을 단골로, '바가지' 대신 '환대'를 팔아라

오늘의 가게

상어들의 바다에서 고래가 되기로 결심한 사장님

서해안의 유명 관광지, 안면도의 한 해변가에는 수십 개의 횟집들이 마치 성벽처럼 늘어서 있었다. 호객 행위를 하는 아주머니들의 목소리, 수조에서 첨벙거리는 물고기 소리, 갈매기 울음소리가 뒤섞여 활기차면서도 어딘가 모르게 살벌한 분위기를 자아냈다. 모든 가게가 비슷한 메뉴와 비슷한 가격, 비슷한 구호를 외치고 있었다.

"유 박사님, 이곳은… 그야말로 전쟁터군요. 여기서 살아남는 것만으로도 대단한 일 같습니다. 그런데 이 수많은 가게 중에, 우리가 방문할 곳은 어디입니까?"

유 박사는 치열한 호객꾼들을 지나쳐 가장 구석진 곳에 위치한 '만선 횟집'이라는 소박한 가게를 가리켰다.

"작가님, 관광지 장사는 '한 번 보고 말 손님'을 상대하는 곳입니다. 그래서 대부분의 사장님들은 '상어'가 되기를 선택하죠. 최대한 바가지를 씌워서, 최대한 빨리, 최대한 많이 파는 것이 미덕인 바다입니다. 하지만 오늘 우리가 만날 사장님은 이 상어들의 바다에서 '고래'가 되기로 결심한 아주 특별한 분입니다."

'상어와 고래라니?' 나는 유 박사의 비유를 곱씹으며 '만선 횟집'으로 들어섰다.

가게 안은 예상외로 한산했지만, 벽면 한가득 붙어있는 손님들의 손편지와 아이들이 그린 그림들이 이곳이 보통 횟집이 아님을 말해주고 있었다.

사장님의 웃픈 성공기

"저는 10년간 사기꾼이었습니다"

'만선 횟집'의 이철민(58세, 가명) 사장님은 거친 바닷바람에 그을린 얼굴과 투박한 손을 가진 영락없는 뱃사람의 모습이었다. 그는 우리 앞에 소주잔을 놓으며 놀랍도록 솔직한 이야기로 자신의 과거를 고백했다.

"솔직히 말해서, 나는 10년간 사기꾼이었습니다."

그의 충격적인 고백에 나는 잠시 할 말을 잃었다.

"여기 다른 집들처럼 나도 똑같은 장사치였어요. 어떻게든 손님을 가게 안으로 끌어들여서, 제일 비싼 메뉴를 시키게 하고, 양은 적게 주고 서비스는 엉망으로 내보내는 거. '어차피 한 번 보고 말 손님들인데, 뭐 어때?' 하는 마음이었죠. 그게 이 바닥의 룰이라고 생각했으니까요."

그는 10년간 '상어'로서 성공적으로 살아남았다. 돈도 꽤 벌었다. 하지만 그의 마음 한편은 늘 텅 비어 있었다고 했다. 그의 장사에는 아무런 보람도 자부심도 없었다.

그러던 어느 비 오는 평일, 그의 인생을 바꾼 한 가족이 찾아왔다.

"비가 억수같이 쏟아져서 그날은 손님이 한 명도 없었어요. 그런데 어린 아들 손을 잡은 젊은 부부가 들어오더라고. 딱 봐도 형편이 넉넉해 보이지 않았어요. 아이 생일이라 큰맘 먹고 바다 보러 왔다고, 가장 싼 메뉴 하나를 조심스럽게 시키더군요."

그 순간, 이 사장님은 돈을 세는 장사치가 아니라 한 아이의 '아버지'가 되었다. 가난했던 어린 시절, 아버지가 낚시로 잡아 온 물고기 한 마리로 온 가족이 행복하게 생일잔치를 했던 기억이 떠올랐다.

"나도 모르게 그냥… 주방으로 들어가서 그날 들어온 것 중에 가장 좋은 놈으로 회를 떴어요. 메뉴판에 있는 것보다 훨씬 더 많이. 매운탕도 제일 좋은 걸로 끓여주고. 그래놓고 돈은 원래 가격만 받았지. 아이가 회 한 점을 입에 넣고 눈이 동그래져서 '아빠, 너무 맛있어!' 하는데… 와…! 그 순간 지난 10년간 내가 벌었던 돈이 전부 다 부끄러워지더라고요. 그 아이의 웃음이 내 인생 최고의 '수입'이었습니다."

그날 이후, 그는 상어가 아닌 '선장'이 되기로 결심했다. 한 번 오고 말 손님을 등치는 장사가 아니라, 멀리서 찾아온 손님들을 안전하고 행복하게 대접해서 돌려보내는 떳떳한 뱃사람이 되기로 한 것이다.

그는 가게 운영 방식을 180도 바꾸었다. 정직한 원산지 표시, 정량보다 더 푸짐하게 주는 원칙, 그리고 아이들을 위한 특별 서비스까지.

물론 처음에는 주변 상인들에게 "미쳤냐?", "혼자 잘난 척하냐?"며 욕도 많이 먹었다. 매출도 반 토막이 났다. 하지만 그는 흔들리지 않았다.

그리고 몇 달 뒤, 기적이 일어났다. 지난여름에 왔던 손님들이 가을에 다시 찾아오기 시작한 것이다.

"사장님, 그때 너무 잘해주셔서 부모님 모시고 다시 왔어요."

인터넷 맘카페와 블로그에는 "안면도 유일의 양심 횟집", "아이와 함께라면 무조건 여기"라는 칭찬 글들이 자발적으로 올라왔다.

그는 더 이상 뜨내기손님을 상대하지 않게 되었다. 그의 가게는 이제 '만선 횟집'을 사랑하는 '평생 단골'들로 채워지기 시작했기 때문이다.

유 박사의 골목길 우화

황금 눈을 가진 허수아비

한 농부가 옥수수밭을 지키기 위해 세상에서 가장 무서운 허수아비를 만들었다. 그는 허수아비의 눈에 반짝이는 황금 동전을 박아 넣어, 새들이 그 빛에 놀라 도망가게 만들었다. 허수아비는 아주 유능했다. 단 한 마리의 새도 밭에 얼씬하지 못했으니까. 농부는 아주 만족했다.

하지만 가을이 되자 이상한 일이 벌어졌다. 새들을 모두 쫓아낸 밭에는 벌레들이 창궐하기 시작했다. 새들이 잡아먹던 벌레들이 천적 없이 번식하여 옥수수 잎을 모조리 갉아먹고 있었던 것이다.

뒤늦게 이 사실을 깨달은 농부는 한 현자를 찾아가 물었다.

"저는 그저 옥수수를 훔쳐 가는 도둑을 막았을 뿐인데, 어째서 밭이 망하게 된 것입니까?"

현자가 대답했다.

"당신은 훌륭한 '병사'를 만들었지만, 현명한 '왕'을 만들지는 못했구려. 병사는 모든 외부인을 적으로 보고 쫓아내지만, 왕은 그들을 내 편으로 만들어 함께 밭을 일구는 법을 안다네."

농부는 깨달음을 얻고 돌아와 허수아비를 고쳤다. 그는 무서운 황금 눈 대신 다정한 단추 눈을 달아주었다. 그리고 허수아비의 텅 빈 주머니에 향긋한 들꽃 씨앗을 넣어주었다.

새들은 다시 돌아왔다. 그들은 더 이상 옥수수를 훔치지 않았다. 대신 허수아비가 나눠준 씨앗을 먹고 그 보답으로 밭의 모든 벌레를 잡아주었다. 그해 가을, 농부는 어느 해보다 풍성한 옥수수를 수확했다.

최고의 이익은 모든 것을 적으로 돌리는 '경계'에서 나오는 것이 아니라, 기꺼이 내 것을 나누는 '환대'에서 나온다.

유 박사의 장사 처방전

이철민 사장님은 '사기꾼'에서 '선장'으로 거듭났습니다. 그의 변화는 단순한 마음가짐의 변화가 아니라 치밀한 전략의 변화였습니다. 뜨내기손님만 가득한 관광지에서 평생 단골을 만드는 장사의 기술입니다.

처방 1 가격으로 유혹하지 말고, 가치로 감동시키십시오.

관광지에서 가격 경쟁은 함께 망하는 길입니다. 당신보다 더 싸게 파는 가게는 언제나 나타나기 마련이죠. 당신은 음식이 아니라, '잊지 못할 추억'을 팔아야 합니다.

작은 감동을 설계하십시오. 아이와 함께 온 가족 손님에게 메뉴에도 없는 작은 생선구이 한 토막을 "우리 아이 주려고 구웠는데, 아가도 한 점 맛보렴"하며 서비스로 내어주십시오.

회를 잘 모르는 젊은 커플에게는 "오늘 이 생선이 유독 물이 좋습니다. 제가 아침에 직접 잡은 놈입니다"라며 짧은 이야기 하나를 들려주십시오. 이 작은 가치들이 1만 원 할인쿠폰보다 훨씬 더 강력한 힘을 발휘합니다.

처방 2 떠나는 손님에게 '돌아올 이유'를 선물하십시오.

어차피 다시 안 볼 손님이라는 전제를 버리십시오. 그들이 다시 돌아오게 만들거나, 혹은 돌아오지 않더라도 당신의 홍보대사가 되게 만들어야 합니다.

'친구 할인쿠폰'을 만드십시오. 계산하고 나가는 손님에게 직접 만든 도장을 찍은 쿠폰을 건네며 이렇게 말하십시오.

"다음에 안면도 또 오시면, 이거 꼭 들고 오세요. 제가 얼굴 기억했다가 소주 한 병은 공짜로 드릴게요. 저랑 친구 맺는 겁니다."

대부분의 손님은 그 쿠폰을 다시 쓰지 못할 겁니다. 하지만 그들은 '나는 이곳에서 특별한 대접을 받았다'는 따뜻한 기억을 안고 돌아갈 것이고, 주변 사람들에게도 당신의 가게를 칭찬할 것입니다.

처방 3 정직함을 가장 눈에 띄는 곳에 전시하십시오.

모두가 사기꾼일지도 모른다고 의심하는 곳에서, 정직함은 가장 강력한 차별화 전략입니다.

모든 것을 투명하게 공개하십시오. 가게 입구에 그날그날의 횟감 시세를 분필로 써 붙이십시오. 손님이 보는 앞에서 저울의 '0점'을 확인시켜주고, 무게를 잰 뒤 g 단위까지 정확하게 가격을 알려주십시오. 이 당연한 행동들이, 불신의 바다 위에서 당신의 가게를 유일하게 믿을 수 있는 '등대'로 만들어 줄 것입니다.

오늘의 꿈 한 줄 요약

최고의 장사꾼은 손님의 주머니를 보는 사람이 아니라,
그들의 '추억' 속에 들어가고 싶어 하는 사람이다.

시장 안 떡집

제 살 깎기 경쟁을 멈추고, 연합으로 상생하는 판을 만들어라

오늘의 가게

똑같은 떡들 사이에서 길을 잃어버린 사장님

아침 7시, 우리는 활기가 넘치는 한 전통시장 입구에 섰다. 고소한 참기름 냄새, 파릇파릇한 채소, 그리고 김이 모락모락 ㅍ어나는 떡집들. 시장은 살아있었다.

그런데 이상한 점이 있었다. 시장의 '떡 골목'에는 놀라울 만큼 똑같은 모습의 떡집 대여섯 개가 나란히 붙어 있었다. 하얀 시루떡, 붉은 팥떡, 푸른 쑥떡. 모든 가게가 약속이라도 한 듯 똑같은 떡을 똑같은 가격에 팔고 있었다.

"유 박사님, 여긴… 그야말로 '떡들의 전쟁'이군요. 손님 입장에서는 어딜 가야 할지 전혀 모르겠습니다."

유 박사는 갓 나온 따끈한 인절미 하나를 사서 내게 건네며 말했다.

"작가님, 이 인절미의 맛은 옆집과, 그리고 그 옆집과 거의 다르지 않을 겁니다. 이것이 바로 시장 상인들이 흔히 빠지는 가장 슬픈 함정, '소모적인 경쟁'이죠. 우리는 오늘, 이 똑같은 떡들 사이에서 자신만의 색깔을 잃어버리고 지쳐가는 한 사장님을 만날 겁니다. 그리고 그가 어떻게 이 진흙탕 싸움에서 빠져나와, 자신과 이웃을 모두 살리는 길을 찾아내는지를 보게 될 겁니다."

우리가 찾아간 곳은 그 골목의 가장 중간에 위치한 '엄마 손 떡집'이었다.

사장님의 웃픈 성공기

"어제는 동료, 오늘은 원수입니다"

'엄마 손 떡집'의 강미숙(49세, 가명) 사장님은 3대째 이 시장에서 떡을 만들어 온 자부심 강한 떡 장인이었다. 그녀의 손에서 빚어지는 떡은 정갈하고 맛있었다. 하지만 그녀의 얼굴에는 자부심 대신 깊은 피로와 불신이 가득했다.

"전쟁이에요, 전쟁. 매일 아침 눈을 뜨면 오늘은 옆집에서 가격을 얼마나 내릴까, 오늘은 앞집에서 어떤 새로운 떡을 베껴갈까, 그 생각밖에 안 들어요."

그녀의 말에 의하면, 불과 몇 년 전까지만 해도 이 떡 골목은 다들 따뜻한 이웃이었다고 했다. 서로 쌀을 빌려주고 경조사를 챙기며 한 가족처럼 지냈다.

문제는 대형마트와 온라인 배송업체에 손님을 뺏기기 시작하면서부터였다. 줄어드는 파이를 두고 그들은 더 이상 동료가 아닌 적이 되어버렸다.

"시작은 가격 경쟁이었어요. 옆집이 3천 원짜리 꿀떡을 2천5백 원에 팔기 시작하더라고요. 그럼 저는 울며 겨자 먹기로 2천 원에 팔아야 했어요. 그러다 보니 이제는 떡을 팔아도 남는 게 없어요. 서로 제 살 깎아 먹기를 하고 있는 거죠."

가격 경쟁은 더 추악한 싸움으로 번졌다. 그녀가 밤새워 개발한 '치즈 백설기'가 인기를 끌자, 다음 주에 바로 옆 가게와 앞 가게에서 똑같은 메뉴가 등장했다. 서로를 향한 비방과 루머도 난무했다. 어제의 동료는 오늘의 원수가 되어 있었다.

"가장 힘든 건, 제가 점점 미워하는 사람들을 닮아간다는 거예요. 저도 모르게 옆집 떡을 훔쳐보며 흠을 잡고 있고, 앞집보다 100원이라도 더 싸게 팔기 위해 재료의 질을 낮출까 고민하는 제 모습을 발견할 때… 정말 장사고 뭐고 다 그만두고 싶어져요."

그녀는 시장이라는 작은 바다 속에서, 서로를 물어뜯는 '상어 떼'의 일원이 되어 있었다. 모두가 함께 가라앉고 있다는 사실을 알면서도 멈출 수가 없었다.

"저는 그냥… 예전처럼 이웃들과 웃으면서 자부심을 갖고 맛있는 떡을 만들고 싶을 뿐이에요. 이 지긋지긋한 싸움을 끝낼 방법은 정말 없는 걸까요?"

유 박사의 골목길 우화

무지개 숲의 일곱 빛깔 나무 이야기

무지개 숲에는 일곱 그루의 나무가 살았다. 빨강 나무, 주황 나무, 노랑 나무… 모두 자신만의 아름다운 색깔을 뽐냈다.

어느 날, 숲에 화가가 찾아와서 '가장 아름다운 나무'를 그려주겠다고 선언했다.

그날부터 나무들 사이에 시기 질투가 싹텄다. 빨강 나무는 더 붉어지기 위해 애썼고, 노랑 나무는 더 노랗게 빛나기 위해 안간힘을 썼다. 그들은 서로를 향해 "너보다 내가 더 아름다워!"라고 외치며 싸웠다. 그러자 화가는 그 어떤 나무도 선택하지 못했다.

"너희 하나하나의 색은 아름답지만, 서로를 미워하는 모습은 정말 추하구나."

그때 숲을 지나던 바람이 나무들에게 속삭였다.

"너희는 왜 각자 최고가 되려고만 하니? 너희들이 함께 있을 때, 비로소 세상에서 가장 아름다운 무지개가 된다는 걸 왜 모르니?"

그 말을 들은 나무들은 부끄러워졌다. 그들은 서로에게 사과하고, 나란히 어깨를 맞댔다.

빨주노초파남보. 일곱 그루의 나무가 어우러지자 숲에는 그 어떤 그림으로도 담을 수 없는 눈부신 무지개가 떠올랐다. 화가는 조용히 붓을 내려놓고 그 위대한 조화에 경의를 표했다.

가장 위대한 아름다움은 홀로 빛날 때가 아니라, 서로의 다름을 존중하며 함께 어우러질 때 완성된다.

유 박사의 장사 처방전

강미숙 사장님은 경쟁이라는 프레임에 갇혀 상생이라는 더 큰 가능성을 보지 못하고 있습니다. 이 진흙탕 싸움을 끝내기 위해서는 싸움의 판 자체를 바꾸어야 합니다.

처방 1 경쟁이 아닌 연합의 깃발을 가장 먼저 드십시오.

모두가 지쳐있을 때, 먼저 손을 내미는 사람이 리더가 됩니다.

'떡 골목 번영회'를 만드십시오. 지금 당장 옆집, 앞집 사장님들을 찾아가십시오. 그리고 "우리 이렇게 싸우다가는 다 같이 죽어요. 이제 그만 싸우고 우리 골목을 살릴 방법을 함께 고민해봅시다"라고 솔직하게 제안하십시오. 아마 모두가 기다리던 말이었을 겁니다.

처방 2 똑같은 떡이 아닌, 서로 다른 떡으로 골목을 채우십시오.

모두가 똑같은 떡을 파는 것은 비효율적입니다. 각 가게의 강점을 살려, 골목 전체를 '떡 백화점'으로 만드십시오.

가게별 '시그니처 메뉴'를 정하십시오. 번영회에서 각 가게가 가장 자신 있는 떡을 하나씩 정해 '대표 선수'로 키우는 겁니다. '엄마 손 떡집'은 최고의 인절미를, 옆집은 최고의 시루떡을, 앞집은 최고의 송편을 만드는 거죠. 이제 손님들은 어느 떡집을 갈까 고민하는 게 아니라, 어떤 떡을 먹을까 행복한 고민을 하게 됩니다.

처방 3 개별 가게가 아닌 떡 골목 전체를 마케팅 하십시오.

경쟁 구도를 상생 구도로 바꾸는 가장 확실한 방법은, 공동의 목표와 이익을 만드는 것입니다.

'떡 골목 모둠 세트'를 만드십시오. 각 가게의 시그니처 떡을 하나씩 모아, '무지개 떡 세트' 같은 공동 상품을 개발하십시오. 이 상품의 수익은 번영회가 관리하고, 골목 전체의 환경 개선이나 공동 마케팅 비용으로 사용하는 겁니다.

공동의 스토리를 만드십시오. '3대째 이어온 우리 동네 떡 골목 이야기' 같은 공동 브랜드를 만들어서 골목 입구에 큰 안내판을 세우십시오.

당신들은 더 이상 서로를 죽이는 경쟁자가 아니라, '떡 골목'이라는 하나의 팀이자, 서로의 성공을 응원하는 든든한 동료가 될 것입니다.

오늘의 꿈 한 줄 요약

가장 현명한 장사꾼은 옆 가게와 싸워 이기는 사람이 아니라,

그들과 함께 '이기는 판'을 만드는 사람이다.

대를 이은 노포

전통은 보존이 아닌 계승, 아버지의 깊이를 아들의 혁신과 연결하라

오늘의 가게

박물관이 되어버린 전설의 식당

우리가 찾아간 '우일관'은 그 존재만으로도 하나의 역사였다.

70년 세월을 버텨낸 낡은 현판, 벽면을 가득 채운 흑백 사진과 빛바랜 신문 기사들. 사진 속에는 환하게 웃고 있는 창업주 할아버지와, 그와 함께 어깨를 나란히 한 역대 대통령들의 모습도 보였다. 이곳은 단순한 평양냉면 집이 아니라 한 시대의 역사가 살아 숨 쉬는 박물관과도 같았다.

"유 박사님, 정말 대단한 곳이군요. 이런 곳은 맛이 변하지만 않는다면 영원할 것 같습니다."

내 감탄에, 유 박사는 텅 빈 테이블들을 둘러보며 조용히 말했다.

"작가님, 세상에 영원한 것은 없습니다. 그리고 때로는 변하지 않는 것이야말로 가장 큰 문제일 수 있죠. 우리는 여기서 아버지를 너무나 사랑하는 아들과, 아들을 너무나 아끼는 아버지가 바로 그 사랑 때문에 어떻게 서로에게 상처를 입히는지를 알게 될 겁니다."

점심시간임에도 가게는 놀라울 만큼 한산했다. 손님은 대부분 백발이 성성한 노인들이었고, 젊은 사람은 우리뿐이었다. 냉면의 맛은 명성 그대로 흠잡을 데 없이 완벽했다. 하지만 가게 전체에 흐르는 공기는 활기찬 식당이라기보다는 곧 문을 닫을 박물관처럼 고요하고 쓸쓸했다.

사장님의 웃픈 성공기

"아버지는 박물관을, 저는 식당을 하고 싶습니다"

'우일관'의 2대 사장인 박 노인(72세, 가명)은 평생 냉면 육수만 끓여온 살아있는 장인이었다. 그는 자신의 아버지가 만든 맛을 지키는 것을 평생의 소임으로 여겼다. 문제는 최근 경영에 참여하기 시작한 그의 아들 박진우(40세, 가명) 씨와의 갈등이었다. 우리는 주방 한편에서 두 사람의 서로 다른 꿈 이야기를 들을 수 있었다.

먼저 입을 연 것은 아버지 박 노인이었다.

"내 아들은 장사를 몰라. 유학까지 다녀와서 한다는 게 70년 된 우리 가게에 무슨 포토존을 만들고, SNS 홍보를 하자고 하더군. 심지어 냉면에 곁들일 와인을 팔자고 하질 않나…. 그건 우리 아버지가 하던 방식이 아니야. '우일관'의 맛은 변하지 않기에 가치가 있는 것이야.

아들 녀석은 내 자부심을 짓밟고 아버님의 유산을 모욕하고 있다고."

그의 목소리에는 아들에 대한 서운함과 자신의 역사를 지키려는 장인의 고집이 묻어났다.

이어서, 아들 박진우 씨가 답답하다는 듯 말을 받았다.

"저도 아버지를, 그리고 할아버지를 존경합니다. 하지만 식당은 박물관이 아니라 돈을 벌어야 하는 사업체입니다. 지금 오시는 단골 어르신들, 10년 뒤에도 찾아오실 수 있을까요? 젊은 손님들이 찾지 않는 식당은 미래가 없습니다. 인테리어를 바꾸고, 새로운 메뉴를 개발하고, SNS로 알려야만 이 유산을 다음 세대까지 이어갈 수 있어요. 저는 가게를 바꾸려는 게 아니라 가게를 살리려는 겁니다. 그런데 아버지는 저를 그저 근본 없는 놈으로만 취급하십니다."

아버지의 꿈은 '완벽한 보존'이었고, 아들의 꿈은 '지속 가능한 생존'이었다. 둘 다 가게를 사랑하는 마음에서 비롯된 꿈이었지만 그 방향은 정반대를 향하고 있었다.

아버지는 아들이 전통을 무시한다고 생각했고, 아들은 아버지가 현실을 외면한다고 생각했다. 사랑과 존경이라는 이름 아래 두 사람의 갈등은 점점 더 깊어지고 있었다. '우일관'이라는 낡고 위대한 배는 서로 다른 방향으로 노를 젓는 두 선장 때문에 서서히 침몰하고 있었다.

아들 박진우 씨가 텅 빈 가게를 둘러보며 우리에게 물었다.

"할아버지의 꿈은 많은 사람들에게 맛있는 냉면을 대접하는 것이었습니다. 아버지의 꿈은 그 맛을 완벽하게 지켜내는 것이었고요. 그리고 제 꿈은 이 가게가 제 아들 세대까지 살아남게 하는 것입니다.

전부 다 같은 뿌리에서 나온 꿈인데, 왜 우리는 서로 갈등해야 하는 걸까요?"

유 박사의 골목길 우화

늙은 나무와 젊은 정원사

마을 한가운데에, 모두가 신성하게 여기는 수백 년 된 아름드리 나무가 있었다. 늙은 정원사는 평생을 이 나무에 바쳤다. 그는 선조들이 했던 방식 그대로, 나무에 거름을 주고 가지를 쳤다.

"이 나무는 이 방식대로 수백 년을 버텨왔다. 어떤 새로운 시도도 이 나무의 신성함을 해칠 뿐이다."

이것이 그의 철학이었다.

하지만 그의 아들인 젊은 정원사의 생각은 달랐다.

그는 아버지의 헌신을 존경했지만, 나무가 예전과 달리 시들어 가고 있다는 것을 눈치챘다. 기후가 변하고, 새로운 병충해가 생겨났기 때문이다. 그는 아버지에게 새로운 유기농 비료와 현대적인 관개 시설을 도입해야 한다고 설득했다.

늙은 정원사는 버럭 화를 냈다.

"네가 감히 선조들의 방식을 무시해! 이 나무의 영혼을 더럽힐 셈이냐!"

그날 밤, 젊은 정원사는 아버지 몰래 낡은 수로에서 새는 물을 막고, 시들어가던 가지 딱 한 곳에만 새로운 비료를 아주 조금 뿌려주었다. 아버지가 쌓아 올린 전통을 존중하면서도, 나무를 살리기 위한 최소한의 변화를 시도한 것이다.

다음 해 봄, 기적이 일어났다. 젊은 정원사가 돌보았던 바로 그 가지에서 유난히 푸르고 싱싱한 새잎이 돋아난 것이다. 그 모습을 본 늙은 정원사는 아무 말도 할 수 없었다.

그때, 마을의 현자가 두 사람에게 다가와 말했다.

"나무의 위대함은 땅속 깊이 뻗은 뿌리에서 나오지만, 나무의 생명은 하늘을 향해 뻗어 나가는 새로운 가지에서 나온다네. 뿌리만 돌보는 것은 나무를 명예롭게 죽게 내버려 두는 것이고, 가지만 돌보는 것은 나무를 비바람에 쓰러지게 만들지. 진정한 정원사는 뿌리와 가지를 모두 돌볼 줄 아는 사람이라네."

유 박사의 장사 처방전

'우일관'의 갈등은 누가 옳고 그르냐의 문제가 아닙니다. 보존이라는 아버지의 신념과 생존이라는 아들의 신념 모두 가게를 사랑하기에 나온 것이죠. 두 분에게 필요한 것은 싸움이 아니라 조화입니다.

처방 1 보존이 아닌 계승의 관점을 가지십시오.

우선 두 분이 사용하는 단어부터 바꿔야 합니다. 보존은 과거의 것을 그대로 박제하는 것이고, 계승은 과거의 정신을 이어받아 다음 세대에 맞게 발전시키는 것입니다.

아버님께서 할아버님의 맛을 고수하려는 그 마음은 존경받아 마땅합니다. 하지만 할아버님께서 진짜 원하셨던 건 레시피가 박물관에 박제되는 것이 아니라, 새로운 시대의 젊은이들이 그 냉면을 계속 맛있게 먹어주는 것이 아닐까요? 아드님의 새로운 시도는 할아버님의 꿈을 계승하기 위한 노력일 수 있습니다.

아드님께선 아버지께 새로운 아이디어를 제안할 때, "이건 구식이에요"가 아니라, "할아버님의 위대한 냉면을 요즘 손님들에게 더 잘 알리기 위해 이런 방법은 어떨까요?"라고 말씀드리십시오. 당신의 혁신이 전통을 파괴하는 것이 아니라, 더욱 빛나게 하기 위한 것임을 보여드려야 합니다.

처방 2 **전통 메뉴와 실험 메뉴를 현명하게 분리하십시오.**

모든 것을 한 번에 바꿀 필요는 없습니다. 아버지의 자부심을 지켜드리면서, 아들의 가능성을 테스트할 수 있는 공간을 만드십시오.

'우일관 명예의 전당' 메뉴를 만드십시오. 할아버지 대부터 내려온 평양냉면과 기본 메뉴들을 이 코너에 넣어 절대 변하지 않는 우리의 자부심임을 선언하십시오.

여기에 '3대손의 도전' 메뉴를 추가하십시오. 메뉴판 한편에 작은 공간을 마련해서 아드님이 개발한 새로운 곁들임 메뉴나 주류 페어링을 선보이는 겁니다. 여기서 고객 반응을 테스트한 다음 성공적인 메뉴만 정식 메뉴로 승격시키는 시스템을 만드는 거죠.

처방 3 아버지의 역사를 아들의 마케팅으로 활용하십시오.

두 분은 싸울 상대가 아니라 최고의 파트너입니다. 아버지의 깊이는 아들의 무기가 되고, 아들의 기술은 아버지의 무기가 됩니다.

아버지를 주인공으로 만드십시오. 아드님은 지금 당장 SNS 계정을 만드십시오. 그리고 제품 사진이 아니라 아버지의 주름진 손으로 육수를 젓는 모습, 70년 된 낡은 도구들, 가게의 흑백 사진들을 올리십시오. '우리 아버지는 50년간 매일 아침 6시에 육수를 끓이십니다'라는 진솔한 스토리를 알리십시오. 그것이야말로 그 어떤 마케팅보다 강력한 힘을 가집니다.

오늘의 꿈 한 줄 요약

진정한 전통이란 오래된 것을 지키는 것이 아니라,
그 오래된 것이 계속해서 사랑받을 수 있도록
새로운 길을 열어주는 것이다.

B2B 납품공장 사장님의 쿠팡 대박 제과점

낡음을 '역사'로 브랜딩하고, 모르는 것은 다음 세대에게 배워라

오늘의 가게

이름 없는 장인의 공장에서 전국구 스타 브랜드가 탄생하다

어느 날 오후, 유 박사와 내가 찾은 탐방지는 화려한 골목의 가게가 아니었다. 경기도 외곽의 공업단지 안에 낡고 허름한 샌드위치 패널로 지어진 작은 공장이었다. 간판조차 제대로 달려있지 않은 그곳에서 달콤하고 고소한 쿠키 냄새가 흘러나오고 있었다.

"유 박사님, 이 공장이 정말 우리의 목적지입니까?"

유 박사가 고개를 끄덕이면서 쉴 새 없이 드나드는 택배 트럭을 가리켰다.

"작가님, 이곳은 지난 30년간 이름 없이 대기업에 쿠키를 납품해온 '유령 공장'이었습니다. 하지만 지금은, 쿠팡과 같은 온라인 플랫폼에서 가장 뜨거운 디저트 브랜드의 심장이 되었죠. 우리는 여기서, 아날로그 시대의 장인이 어떻게 디지털 시대의 파도를 타고 자신의 꿈을 완성했는지, 아름다운 성공 스토리를 듣게 될 겁니다."

사장님의 웃픈 성공기

"내 딸이 나의 스승이 되었습니다"

공장 안에서 만난 박태수(59세, 가명) 사장님은 우리가 상상했던 성공한 CEO의 모습과는 거리가 멀었다. 그의 작업복에는 밀가루가 하얗게 묻어 있었고, 그의 손은 수십 년간 반죽을 만져온 장인의 투박한 손이었다.

"저는 평생 남의 이름으로 쿠키를 구웠습니다. 호텔 체인, 대형 카페… 제 쿠키는 늘 최고급으로 인정받았지만, 그 누구도 이 쿠키를 '박태수'가 만들었다는 사실은 몰랐죠. 그래도 괜찮았습니다. 묵묵히, 정직하게 만들기만 하면 됐으니까요. 그게 저 같은 아날로그 장인의 방식이었습니다."

그의 30년 아날로그 인생에 디지털이라는 거대한 해일이 덮친 것은 코로나 팬데믹 때문이었다. 호텔과 카페가 문을 닫자 그의 모든 거래처가 하루아침에 끊겼다. 평생을 바친 공장은 재고만 가득 쌓인 채 폐업 위기에 몰렸다.

그때 대학교를 휴학하고 집에 내려와 있던 딸이 그에게 다가왔다.

"아빠, 우리 이 쿠키, 쿠팡에서 팔아보자."

박 사장님은 딸의 말을 이해할 수 없었다. 쿠팡? 로켓배송? 라이브

커머스? 외계어처럼 들렸다.

"얘야, 우리 쿠키는 그런 데서 파는 과자가 아니야. 이건 작품이라고. 그리고 내가 이 나이에 어떻게 그런 복잡한 걸 배우니."

딸과의 전쟁은 그렇게 시작되었다. 아버지는 온라인이라는 미지의 세계를 불신했고, 딸은 그런 아버지가 답답했다. 하지만 망해가는 공장을 두고 볼 수만은 없었던 박 사장님은, 마지못해 딸에게 모든 것을 맡기기로 결심했다. 그것은 그의 인생에서 가장 두렵고 가장 현명한 결정이었다.

딸은 아버지의 공장에 '태수 과자점'이라는 새로운 브랜드를 입혔다. 그리고 제품 상세 페이지에 화려한 미사여구 대신 아버지의 이야기를 진솔하게 담았다.

"30년간 대기업 호텔에만 납품하던 한 장인이, 당신의 식탁을 위해 처음으로 자신의 이름을 겁니다."

딸은 아버지의 투박한 손과 낡은 오븐, 그리고 정직한 재료들을 사진에 담았다. 아버지가 평생 지켜온 '낡음'이, 딸의 손을 거쳐 역사와 진정성이라는 가장 강력한 '브랜드 스토리'로 재탄생한 것이다.

결과는 폭발적이었다. '호텔에만 입점하는 비밀 쿠키'라는 입소문이 퍼지면서 주문이 폭주했다. 박 사장님과 딸은 밤을 새워가며 쿠키를 굽고 택배 상자를 포장했다. 그는 평생 구웠던 것보다 더 많은 쿠키를 구웠다. 남의 이름이 아닌 바로 자신의 이름을 내걸고.

박 사장님이 눈시울을 붉히며 말했다.

"저는 딸에게 세상을 가르친다고 생각했는데, 오히려 제가 딸아이한테 새로운 세상을 배웠습니다. 저는 과거를 굽는 장인이었고, 내 딸은 미래를 파는 마케터인 셈이죠. 이제 알겠어요. 제 딸은 저를 거듭나게 해준 진짜 스승입니다….”

유 박사의 골목길 우화

늙은 강과 새로운 운하 이야기

수천 년 동안 같은 길을 흘러온 지혜롭고 깊은 '늙은 강'이 있었다. 강은 자신의 방식에 대한 자부심이 대단했다.

그러던 어느 해, 극심한 가뭄이 찾아와 강이 말라가기 시작했다. 그때 한 젊은 기술자가 찾아와 제안했다.

“강의 흐름을 약간 바꿔서 저 멀리 있는 큰 호수와 연결하는 새 운하를 뚫어야 합니다. 그러면 새로운 물이 흘러들어와 강이 다시 살아날 겁니다.”

그 소리를 들은 늙은 강은 버럭 화를 냈다.

“어디 건방지게! 난 수천 년 동안 이 길을 흘러왔다! 나의 신성한 흐름을 감히 인간의 기술로 바꾸려 하다니!”

하지만 강은 하루가 다르게 말라갔고, 결국 마지막 힘을 다해 기술자의 제안을 받아들였다.

얼마 후, 새로운 운하가 완성되었고, 호수의 맑은 물이 그 운하를 통해 늙은 강으로 콸콸 쏟아져 들어왔다.

늙은 강의 깊고 강력한 물줄기와 새로운 운하의 신선하고 풍부한 물줄기가 만나는 순간, 그곳에는 이전과는 비교가 안 될 만큼 거대하고 풍요로운 강이 탄생했다. 그리고 그 강은 예전에는 상상도 못 했던 더 먼 곳까지 흘러가 새로운 땅을 적셨다.

전통이라는 강의 깊이와, 혁신이라는 운하의 속도가 만날 때 비로소 세상의 물길이 바뀌는 법이다.

유 박사의 장사 처방전

박태수 사장님의 성공은, 이 시대 모든 장사꾼들에게 가장 중요한 화두를 던집니다.

'어떻게 나의 과거를 미래와 연결할 것인가?'

처방 1 당신의 '낡음'을 '역사'로 브랜딩하십시오.

당신이 오랫동안 한 가지 일을 해왔다는 사실은 당신의 가장 큰 자산입니다. 그것을 낡고 고리타분한 것으로 여기지 마십시오.

숫자를 활용하십시오. '30년 장인', '3대째 이어온', 'since 1988'. 이런 숫자들은 돈으로 살 수 없는 신뢰의 상징입니다. 당신의 역사를 가게 이름과 모든 홍보물 전면에 내세우십시오.

과정을 보여주십시오. 당신의 낡은 도구, 당신의 주름진 손, 당신이 수십 년간 지켜온 아침의 루틴. 이 모든 것이 고객의 마음을 움직이는 가장 강력한 스토리입니다.

처방 2 **당신이 모르는 것은 다음 세대에게 기꺼이 배우십시오.**

진정한 지혜는 모든 것을 아는 것이 아니라, 내가 무엇을 모르는지 아는 것입니다.

'디지털 네이티브'를 파트너로 삼으십시오. 당신의 자녀, 혹은 젊은 직원에게 가게의 SNS 운영이나 온라인 마케팅을 전적으로 맡기고, 그들의 판단을 신뢰하십시오. 당신은 제품의 전문가이고 그들은 세상의 전문가입니다. 서로의 전문성을 존중할 때 최고의 시너지가 나옵니다.

처방 3 **본질은 지키고 방식은 파괴하십시오.**

이것이 이 책 전체를 관통하는 가장 중요한 교훈입니다.

질문을 던지십시오. 당신 가게의 절대 변해서는 안 될 본질은 무엇입니까? (예: 쿠키의 맛, 정직한 재료) 그리고 그 본질을 더욱 빛나게 하기 위해 과감히 파괴하고 바꿀 수 있는 방식은 무엇입니까? (예: B2B 납품 방식, 오프라인 판매 방식)

본질을 지키는 용기와 방식을 파괴할 용기, 이 두 가지 용기를 모두 가진 사장님만이 급변하는 세상 속에서 살아남는 것을 넘어 시대를 이끄는 진정한 '대가'가 될 수 있습니다.

오늘의 꿈 한 줄 요약

가장 위대한 장사꾼은 과거와 현재를 연결하여
아무도 가지 않은 새로운 길을 창조하는 사람이다.

| PART 3 | 정리 노트

확장, 권한, 통제의 착각

장사 초기는 단순하다. 사장이 곧 시스템이다. 결정도 실행도 책임도 모두 한 사람에게 있다. 이 구조에서는 속도가 난다. 문제가 생기면 곧바로 고칠 수 있다. 그래서 많은 사장들이 이 상태를 가장 '편했던 시절'로 기억한다.

가게가 잘되기 시작하면 사장은 안도한다. 그리고 거의 동시에 경쟁을 의식하기 시작한다. 예전에는 신경 쓰지 않던 가게들이 보이고, 새로 생긴 메뉴가 눈에 들어오고, 가격 하나에도 의미를 붙이게 된다.

그리고 이때부터 사장의 판단은 조금씩 바뀐다. '우리 가게다움'을 지키는 판단이 아니라, '지지 않기 위한 판단'으로 이동한다.

메뉴가 늘어난다. 놓치기 싫어서다. 가격이 흔들린다. 비교당할까 봐서다. 마케팅 메시지가 많아진다. 뭔가 하나라도 더 말해야 할 것 같아서다.

하지만 이 과정에서 가게는 서서히 자기 얼굴을 잃는다. 경쟁을 염두에 두는 순간 가게는 선택을 줄이지 못한다. 오히려 모든 가능성을 붙잡으려 한다. 그리고 선택이 많아질수록 고객은 망설인다.

사장은 이 불안을 통제로 해결하려 한다. 메뉴 하나, 응대 하나, 문구 하나까지 직접 보려 한다. 결정권은 위로 올라오고 현장은 판단하지 못한다.

사장은 말한다. "지금은 중요한 시기니까", "아직 맡기기엔 불안해서", "조금만 더 내가 보려고" 하지만 이 통제는 가게를 안전하게 만들지 않는다. 오히려 마케팅을 망가뜨린다.

마케팅은 많이 알리는 기술이 아니라, 덜 흔들리는 구조다. 누가 판단해도 같은 선택이 나오는 상태. 그것이 만들어지지 않으면 아무리 홍보를 해도 가게는 매번 다른 얼굴로 보인다.

잘되는 가게는 사장이 모든 걸 쥐고 있지 않다. 대신 기준이 명확하다. 이 가게가 무엇을 하지 않는지, 어디까지가 허용되는지, 무엇이 이 가게의 선택인지가 공유되어 있다. 그래서 경쟁 상황에서도 현장은 흔들리지 않는다. 사장이 없어도 같은 판단이 반복된다. 이 반복성이 곧 경쟁력이다.

확장은 선택처럼 보이지만 대부분은 흐름처럼 찾아온다. 잘되니 늘렸고, 기회가 보여서 잡았고, 놓치기 아까워서 결정했다. 하지만 확장은 잘되는 가게에게 주는 보상이 아니다.

확장은 오히려 사장에게 통제의 한계를 시험하는 질문이다. 이 가게를 어디까지 직접 보고 어디부터는 보지 않을 것인가. 모든 것을 알고 싶은 욕심과 알 수 없다는 현실 사이에서 어디에 설 것인가. 이 질문에 대답하지 못한 채 확장을 선택하면 사장은 모든 현장에 반쯤만 존재하게 된다.

사람을 쓰는 순간부터 장사는 더 이상 혼자 하는 일이 아니다. 그런데도 많은 사장은 혼자 하던 방식으로 여럿을 움직이려 한다.

확장은 매장을 늘리는 일이 아니다. 확장은 판단을 복제할 수 있느냐의 문제다. 그 판단이 사장의 머리에만 있으면 확장은 곧 위험이 된다. 권한을 준다는 건 일을 맡기는 게 아니라 판단을 맡기는 일이다. 그리고 그 판단이 가게의 마케팅이 된다.

가게가 커질수록 사장은 줄어들어야 한다. 덜 개입하기 위해서가 아니라, 더 깊은 기준으로 가게를 붙잡기 위해서다.

경쟁을 이기려는 가게는 통제를 늘리고, 자기 자리를 지키는 가게는 선택을 줄인다. 이 차이를 이해하지 못하면 가게가 커질수록 불안감도 높아진다. 그리고 그 불안은 다시 통제로 돌아온다.

이 PART에서 붙잡아야 할 질문은 이것이다.

'나는 지금 경쟁에서 이기고 싶은가, 아니면 이 가게의 자리를 끝까지 지키고 싶은가?'

이 질문에 답하지 않은 채 확장을 말하면 가게는 커지지만 마케팅은 사라진다.

Part 4 궁극의 가치

돈보다 행복을 버는 의미 리셋

공허함 극복, 취향 판매, 인생 2막 등 장사의 본질 탐구
돈을 버는 것을 넘어, 내 삶에 진정한 만족과 행복을 가져다주는
장사의 궁극적 의미

AI가 서빙하는 첨단 국밥집

기술과 인간미의 황금 비율

오늘의 가게

서빙 로봇은 분주한데, 사장님은 뒷짐만 지는 곳

서울 근교의 어느 소문난 국밥 거리. 40년 전통을 자랑하던 '할매국밥'이 최근 리모델링을 거쳐 'AI 첨단 국밥'으로 변신했다. 입구에는 키오스크가 서 있고, 테이블마다 태블릿 주문기가 놓여 있었다. 그리고 무엇보다 눈에 띄는 건 바닥의 선을 따라 부지런히 움직이는 세 대의 서빙 로봇이었다.

"유 박사님, 정말 세상 좋아졌네요. 국밥집도 이제 스마트 팩토리 같습니다. 사장님은 이제 좀 편해지셨겠는데요?"

유 박사는 국밥을 내려놓고 무표정하게 지나가는 로봇을 보며 고개를 저었다.

"작가님, 편해진 건 맞지만, 로봇이 늘어난 만큼 손님들의 표정은 굳어가고 있습니다. 기술은 불편함을 해소해야지, 관계를 단절해서는 안 되거든요. 오늘은 여기서 기술과 인간미의 황금 비율을 찾아볼 겁니다."

"기술과 인간미의 황금 비율이라…."

사장님의 웃픈 성공기

"로봇이 오고 나서 정(情)이 메말라버렸어요."

2대 사장님인 김철수(52세, 가명) 씨는 구인난에 시달리다 큰맘 먹고 최첨단 시스템을 도입했다. 초기에는 반응이 좋았다. 로봇이 서빙하는 모습이 신기해 아이들이 좋아했고, 주문 실수도 줄었다. 인건비도 눈에 띄게 절감됐다. 하지만 석 달이 지나자 매출이 서서히 꺾이기 시작했다.

"처음엔 로봇이 제 구세주인 줄 알았어요. 그런데 어느 날 단골 할아버지가 국밥을 드시다 말고 조용히 나가시더라고요. 나중에 전화를 드려보니 '로봇이 가져다주는 국밥은 왠지 삭막해서 맛이 안 난다'고 하셨습니다. 제가 편해지려고 들인 기술이, 우리 집의 가장 큰 무기였던 '할머니의 정'을 지워버린 거예요."

김 사장님은 로봇이 서빙하는 동안 주방에 박혀 있거나 카운터에서 핸드폰만 보게 되었다고 고백했다. 직원이 줄어드니 손님과 눈을 맞출 기회도, "국물 좀 더 드릴까요?"라는 말을 건넬 여유도 사라진 것이다. 가게는 효율적인 '배급소'가 되었지만, 다시 오고 싶은 단골집의 매력은 잃어버렸다.

유 박사의 골목길 우화

강철 심장을 가진 인형 제작자

옛날 어느 마을에 세상에서 가장 정교한 인형을 만드는 노인이 살았다. 그의 인형은 너무나 진짜 같아서 금방이라도 말을 걸 것 같았다. 하지만 노인은 늙어갔고, 인형을 만드는 일이 점점 힘겨워졌다.

노인은 큰돈을 들여 무엇이든 똑같이 만들어내는 '강철 기계 팔'을 들여놓았다. 기계 팔은 노인보다 열 배는 빠르고 정확하게 인형을 찍어냈다. 인형의 눈동자는 대칭이 완벽했고, 옷 솔기는 한 치의 오차도 없었다. 노인은 이제 뒷짐을 지고 기계가 일하는 것을 지켜보기만 하면 되었다.

그런데 이상한 일이 벌어졌다. 마을 아이들이 더 이상 인형 가게를 찾지 않는 것이다. 아이들은 말했다.

"이 인형들은 너무 차가워요. 예전 할아버지가 만든 인형에는 우리 이름을 속삭여주는 것 같은 따뜻함이 있었는데, 이건 그냥 예쁜 돌덩이 같아요."

그 말을 들은 노인은 큰 깨달음을 얻었다. 그는 다시 도구를 들었다. 기계 팔에게는 인형의 뼈대를 만들고 천을 자르는 거칠고 반복적인 일을 맡겼다. 그리고 노인은 그 위에 인형의 눈동자를 그려 넣고, 아이들의 이름을 새기는 마지막 작업만큼은 반드시 자신의 거친 손으로 직접 했다.

기계가 만들어낸 '완벽한 신체' 위에 노인의 '따뜻한 영혼'이 더

해지자, 인형 가게에는 다시 아이들의 웃음소리로 가득 찼다.

기계는 시간을 벌어주지만, 그 벌어놓은 시간 동안 당신이 해야 할 일은 고객의 마음을 만지는 일이다.

유 박사의 장사 처방전

김철수 사장님의 기술 도입은 목적이 잘못되었습니다. 기술은 사장님을 편하게 만드는 도구가 아니라, 사장님이 손님에게 집중할 수 있는 여유를 만들어주는 도구여야 합니다.

처방 1 로봇에게 노동을 맡기고, 당신은 감동을 서빙하십시오.

로봇이 국밥을 나르는 동안, 당신은 카운터에 앉아 있어서는 안 됩니다. 라스트 마일(Last Mile)의 환대. 로봇이 테이블 앞에 도착했을 때, 사장님이 슬쩍 다가가 뚝배기를 내려놓으며 한마디 건네십시오. "오늘 날씨가 추워서 국물을 넉넉히 담았습니다." 로봇이 90%의 노동을 대신해줬다면, 남은 10%의 인간적인 마무리는 반드시 사장님 몫이어야 합니다.

처방 2 기술에 '가게의 인격'을 입히십시오.

로봇을 그냥 기계로 두지 마십시오. 당신 가게의 막내 직원으로 브랜딩하십시오.

서빙 로봇에 '복동이', '순이' 같은 이름을 붙여주고 앞치마를 입혀

주십시오. 기계음 대신 사장님의 목소리나 구수한 사투리로 안내 멘트를 녹음하십시오. 손님들이 키오스크나 로봇을 대할 때 차가운 기계가 아니라 가게 식구의 일부로 느끼게 해주는 것이 기술 장사의 핵심입니다.

처방 3 디지털 데이터로 아날로그의 정을 설계하십시오.

태블릿 주문기에 쌓이는 데이터를 단순히 매출 집계용으로 쓰지 마십시오.

"지난번에 고기 많이 달라고 하셨던 분이죠?"라는 말 한마디가 최고의 마케팅입니다. 고객의 선호도를 데이터로 저장하되, 그것을 입 밖으로 내는 건 사장님의 따뜻한 목소리여야 합니다. 기술은 당신의 기억력을 돕는 보조 장치일 뿐입니다.

오늘의 꿈 한 줄 요약

기술은 당신의 몸을 편하게 하지만,
당신의 마음까지 느슨하게 해서는 안 된다.
로봇이 벌어준 시간을 오롯이 손님을 신경 쓰는 데 활용해야한다.

전업 고민 삼겹살집

성공의 쳇바퀴에서 벗어나, 반복 속에 숨겨진 새로운 의미를 찾아라

오늘의 가게

매일 똑같은 연기 속에서 길을 잃어버린 사장님

저녁 7시, 우리는 퇴근길 직장인들로 북적이는 한 삼겹살집 앞에 섰다. 가게 이름은 '오늘도, 삼겹살'. 지글지글 고기 굽는 소리와 왁자지껄한 웃음소리가 문밖까지 흘러나왔다. 가게 안은 이미 만석이었고, 대기 손님까지 서너 팀이 줄을 서 있었다. 누가 봐도 성공한 가게의 모습이었다.

"유 박사님, 이 가게는 사장님이 아주 행복해 보이시는데요."

내 말에 유 박사는 가게 안을 물끄러미 바라보며 대답했다.

"때로는 가장 환한 웃음 뒤에 가장 깊은 그늘이 숨어있기도 합니다. 저 사장님은 매일 밤 만석의 기쁨을 누리지만, 매일 아침 '내가 왜 이 일을 하고 있지?'라는 질문 앞에서 길을 잃은 분입니다. 우리는 여기서, 성공의 정상에서 찾아오는 공허함과, 그 속에서 진짜 '나의 길'을 찾는 법에 대해 이야기하게 될 겁니다."

사장님의 웃픈 성공기

"손님들은 웃는데, 저는 왜 눈물이 날까요?"

'오늘도, 삼겹살'의 정수철(42세, 가명) 사장님은 5년 전에 10년간의 직장 생활을 접고 이 가게를 열었다. 그는 특유의 성실함과 손님을 편안하게 만드는 유머 감각으로 가게를 빠르게 성공 궤도에 올려놓았다. 가게는 연일 만석이었고, 그는 남들이 부러워하는 성공한 자영업자가 되었다.

문제는, 그 성공이 더 이상 그를 행복하게 만들지 못한다는 것이었다. 마지막 테이블을 서둘러 정리하고 나서, 사장님이 소주잔을 기울이며 지친 목소리로 입을 열었다.

"처음에는 정말 좋았어요. 매일같이 찾아주시는 단골손님들, 통장에 쌓이는 돈, '덕분에 오늘 스트레스 다 풀고 간다'는 인사. 제가 세상에 필요한 사람이 된 것 같았죠. 그런데… 언제부턴가 그 모든 게 그냥 '일'로만 느껴지기 시작했어요."

그는 매일 똑같은 시간에 일어나서 똑같은 시장에 가고, 똑같은 고기를 썰고, 똑같은 농담으로 손님을 맞이했다. 그의 하루는 완벽하게 예측 가능했고, 더 이상 어떤 설렘이나 새로운 도전도 없었다.

"가끔 친구들을 만나면, 그들은 여전히 회사에서 새로운 프로젝트 때문에 밤을 새우고, 상사 때문에 스트레스 받으면서도 눈을 반짝이며 자기 일에 대해 이야기해요. 그 모습을 보면… 제 자신이 너무 초라하게 느껴집니다. 저는 그저 매일 똑같은 고기를 굽는 사람일 뿐이니까요. 이게 정말 제가 원했던 인생일까요? 다른 길을 갔더라면, 더 의미 있는 삶을 살고 있지 않았을까…?"

그는 전업을 고민하기 시작했다. 하지만 선불리 가게를 접을 수도 없었다. 가족들의 생계가 걸려 있었고, 무엇보다 지난 5년간 고생해서 쌓아 올린 이 성공을 자신의 손으로 무너뜨리는 것이 두려웠다. 그는 '이 길이 아니다'라는 마음과 '다른 길은 없다'는 현실 사이에서, 매일 밤 깊은 고민에 잠 못 이루고 있었다.

"손님들은 제 농담에 웃으며 즐거워하는데, 저는 그 웃음소리를 들으며 속으로 울고 있을 때가 많습니다. 대체 어떻게 해야 이 지긋지긋한 번뇌에서 벗어날 수 있을까요?"

유 박사의 골목길 우화

매일 똑같은 노래만 부르던 음악가

어떤 마을에, 아주 아름다운 멜로디를 연주하는 음악가가 있었다. 그의 연주는 너무나 감미로워서 모든 사람이 그의 연주를 듣기 위해 모여들었다. 그는 매일 똑같은 곡을 연주했지만, 사람들은 질리지 않고 늘 박수를 보냈다.

하지만 음악가는 점점 불행해졌다.

"나는 왜 매일 똑같은 음표만 반복하고 있을까? 세상에는 더 새롭고 멋진 곡들이 많은데…. 난 그저 기계처럼 손가락만 움직이고 있을 뿐이야."

그는 자신의 연주에 더 이상 아무런 감흥도 느끼지 못했다.

그러던 어느 날, 한 노인이 그에게 다가와 말했다.

"자네의 연주는 훌륭하지만, 영혼이 빠져있구먼. 자네는 악보만 보고 연주할 뿐 자네 앞에 있는 관객을 보지 않고 있어."

음악가는 그 말의 의미를 깨닫지 못했다.

다음 날, 그는 노인의 말을 떠올리며 처음으로 악보에서 눈을 떼고 관객들을 바라보았다. 거기에는 피곤에 지친 농부, 사랑에 빠진 젊은 연인, 세상을 떠난 아내를 그리워하는 할아버지가 있었다. 그들은 모두 다른 표정으로 그의 연주를 듣고 있었다.

바로 그 순간, 음악가는 깨달았다. 자신이 연주하는 것은 똑같은 멜로디였지만, 그 멜로디를 듣는 사람들의 마음은 매일 달랐다는 것을.

그는 그날부터 악보가 아닌 관객의 마음을 보며 연주하기 시작했다. 농부에게는 위로를, 연인에게는 설렘을, 할아버지에게는 추억을 선사하기 위해, 똑같은 멜로디에 자신만의 감정을 실어 미묘하게 다르게 연주했다.

그의 연주는 더 이상 기계적인 반복이 아니었다. 매일매일 새로운 의미를 찾아가는, 살아있는 예술이 되었다.

가장 위대한 변화는 하던 일을 바꾸는 것이 아니라, 하던 일을 바라보는 '마음'을 바꾸는 것에서 시작된다.

유 박사의 장사 처방전

정수철 사장님의 번뇌는 '성공의 공허함'입니다. 더 이상 오를 곳이 없다고 느껴질 때 찾아오는 지극히 자연스러운 감정이죠. 하지만 이것은 끝이 아니라 새로운 시작의 신호일 수 있습니다.

처방 1 '왜?'라는 질문의 답을 다시 찾으십시오.

처음 가게를 열었을 때, 당신의 진짜 꿈은 무엇이었습니까? 단순히 돈을 버는 것 이상으로 당신이 이 공간을 통해 이루고 싶었던 가치는 무엇이었나요?

'초심 노트'를 다시 쓰십시오. 5년 전, 가게를 열기 전날 밤의 설렘과 다짐을 떠올려보십시오. 그때 당신을 가장 가슴 뛰게 했던 것은 무엇이었습니까? 그 초심 속에 당신이 잃어버린 의미가 숨어있을 수 있습니다.

처방 2 반복 속에 숨겨진 차이를 발견하십시오.

매일 똑같은 일상이 지겹다면 당신의 시선이 '나'에게만 머물러 있기 때문일 수 있습니다. 시선을 '손님'에게로 돌려보십시오.

'단골 관찰 일지'를 써보십시오. 오늘 온 김 부장은 지난주보다 얼굴이 밝아 보이는데, 무슨 좋은 일이 있었을까? 저 커플은 좀 어색해 보이는데, 혹시 첫 데이트일까? 손님 한 명 한 명의 미묘한 표정과 사연에 관심을 기울이는 순간, 당신의 가게는 매일 똑같은 공간이 아니라 수많은 인생 드라마가 펼쳐지는 흥미진진한 무대가 될 것입니다.

처방 3 당신의 '재미'를 위한 작은 '딴짓'을 허용하십시오.

전업이라는 큰 결정 전에, 지금의 가게 안에서 즐거움을 찾을 수 있는 작은 실험들을 해보십시오.

'사장님 마음대로' 메뉴를 만드십시오. 일주일에 하루, 혹은 한 달에 한 번, 당신이 정말 만들고 싶었던 특별한 메뉴(예: 이탈리아식 삼겹살 스튜)를 소량만 만들어 팔아보는 겁니다. 손님들의 반응을 살피는 즐거움과, 당신의 창의성을 발휘할 작은 숨구멍이 새로운 활력을 줄 수 있습니다.

당신의 취향을 커밍아웃하십시오. 가게 한쪽 벽에 좋아하는 영화 포스터를 붙이거나, 즐겨 듣는 음악을 틀어보십시오. 당신의 진짜 모습을 드러낼수록 당신과 결이 맞는 손님들이 모여들고, 가게는 당신에게 더 편안한 공간이 될 것입니다.

오늘의 꿈 한 줄 요약

진정한 의미는 새로운 길에서만 발견되는 것이 아니라,
지금 걷고 있는 길 위에서 내가 새롭게 만들어가는 것이다.

프랜차이즈 치킨집

'황금 새장' 안에서, 매뉴얼을 예술로 승화하는 나만의 춤을 춰라

오늘의 가게

성공했지만 행복하지 않은 사장님의 황금 새장

우리가 찾아간 '크리스피 킹덤 치킨'은 전국 어디서나 볼 수 있는 바로 그 치킨집이었다. 번화가 1층에 자리 잡은 가게는 깔끔한 인테리어와 전사적인 홍보 포스터, 그리고 약속된 바삭한 치킨 냄새로 가득했다. 매뉴얼에 따라 한 치의 오차도 없이 운영되는, 누가 봐도 안정적이고 성공적인 가게의 모습이었다.

"유 박사님, 프랜차이즈는… 사실 저희가 다루는 주제와는 조금 거리가 있지 않나요? 이분들은 안전한 길을 따라가는 분들이니까요."

내 질문에 유 박사는 갓 튀겨져 나온 치킨을 바라보며 말했다.

"작가님, 때로는 가장 안전한 길이 가장 외로운 길이 되기도 합니다. 우리는 오늘 실패의 위험은 피했지만 자신의 꿈을 잃어버린 한 사장님을 만나게 될 겁니다. 그리고 모든 것이 정해진 이 '황금 새장' 안에서 어떻게 자신만의 노래를 부를 수 있는지 그 방법을 함께 고민하게 되겠죠."

사장님의 웃픈 성공기

"저는 사장이 아니라, 매뉴얼 관리자입니다"

'크리스피 킹덤 치킨'의 김성환(45세, 가명) 사장님은 15년간 다닌 대기업을 퇴사하고 퇴직금을 털어 이 가게를 차렸다. 전형적인 '안정 추구형' 창업가였다.

"저는 창의적인 사람이 못 됩니다. 대단한 요리법도 모르고요. 그래서 프랜차이즈가 정답이라고 생각했습니다. 본사에서 모든 걸 다 알려주잖아요. 인테리어, 레시피, 운영 방식까지. 저는 그냥 시키는 대로만 하면 됐어요. 처음 1년은 정말 만족스러웠습니다. 회사 다닐 때보다 수입도 괜찮았고, 적어도 망할 걱정은 없었으니까요."

그의 가게는 본사의 우수 가맹점으로 뽑힐 만큼 성공적이었다. 문제는 그가 이 '치킨 장사'에 진심으로 재미를 느끼기 시작하면서부터 발생했다.

"1년쯤 해보니까 제 나름의 노하우라는 게 생기더라고요. 손님들 중에는 매운 소스를 찾는 젊은 친구들이 많았어요. 그래서 제가 직접 더 맛있는 매운 소스를 개발해서 본사에 신메뉴로 제안했죠. 하지만 돌아온 대답은 '불가능'이었습니다. 매뉴얼에 없다는 이유였죠."

그의 시도는 번번이 '매뉴얼'이라는 벽에 부딪혔다. 동네 고등학생들을 위해 작은 할인 이벤트를 열고 싶다고 한 건의도 거절당했다. 가게 분위기를 좀 더 아늑하게 바꾸고 싶어서 조명을 바꾸겠다고 한 것도 규정 위반이었다.

어느 날, 단골손님 한 명이 그에게 말했다.

"사장님은 다른 프랜차이즈 점주들과는 달리 참 친절하고 열심이신데, 사장님만의 가게를 차리셔도 성공하시겠어요."

그 칭찬을 듣는 순간 그는 기쁨 대신 깊은 슬픔을 느꼈다고 했다.

"그때 깨달았습니다. 이 가게에는 '나'라는 게 없구나. 손님들은 나 김성환의 치킨이 아니라, '크리스피 킹덤'의 치킨을 먹으러 오는 거였어요. 저는 사장이 아니라, 본사의 아바타이자 그냥 '매뉴얼 관리자'였던 겁니다. 이 가게의 레시피, 인테리어, 마케팅 그 무엇 하나도 제 것이 아니었습니다."

그는 성공이라는 '황금 새장'에 갇혀 있었다. 안정적인 먹이를 보장받는 대신 자신만의 노래를 부를 자유를 박탈당한 것이다.

"제가 회사를 그만두고 꿈꿨던 '장사의 꿈'이 과연 이런 모습이었을까요? 이 안정적인 새장을 박차고 나갈 용기는 없고, 점점 질식해 가는 기분입니다. 박사님, 저는 이제 어떻게 해야 할까요?"

유 박사의 골목길 우화

오케스트라의 두 번째 바이올린

세계 최고의 오케스트라에, 아주 재능 있는 젊은 바이올리니스트가 있었다. 그녀는 '두 번째 바이올린' 파트에 배정되었는데, 스타 연주자인 '첫 번째 바이올린'을 위해 다른 단원들과 똑같은 파트와 똑같은 악보를 연주하며 화음을 맞춰주는 것이었다.

그런데 처음에는 영광스러웠지만, 그녀는 점점 불행해졌다.

"내 역할은 그저 한낱 부품일 뿐이구나. 정해진 악보(매뉴얼) 때문에 나만의 아름다운 멜로디를 연주할 수가 없어."

그녀는 스타 연주자가 되기를 꿈꾸며, 오케스트라를 원망하기 시작했다.

그러던 어느 날 저녁, 지휘자가 그녀를 조용히 불렀다.

"자네 불만이 대단한 것 같구먼. 하지만 이걸 알아야 해. 거장의 위대함은 혼자서 새로운 곡을 연주하는 데서만 나오는 것이 아니란 걸 말이야. 그건 정해진 악보 안에서, 그 누구도 흉내 낼 수 없는 자신만의 '소리의 결'을 만들어낼 때도 나오는 법이야."

지휘자가 말을 이었다.

"다른 단원들과 똑같은 음을 연주하게. 그러면서도 음 하나하나에 자네만의 영혼을 담아서 연주해봐. 활을 긋는 자네만의 미세한 각도, 음과 음 사이의 미묘한 호흡. 누구도 그것을 막을 수는 없을 걸세."

그날 이후, 그녀는 최고의 '두 번째 바이올린'이 되기로 결심했다. 그래서 악보를 완벽하게 연주하면서도, 그 소리결 안에 자신만의 따뜻함과 열정을 담아내려고 노력했다.

그러자 얼마 지나지 않아 음악 평론가들 사이에서 이런 말들이 나오기 시작했다.

"이 오케스트라의 연주는 뭔가 특별해. 특히, 배경에서 들려오는 저 바이올린 화음이… 마치 살아있는 것처럼 심장을 울리지 않아?"

가장 위대한 자유는 규칙을 부수는 것에서 오는 것이 아니라, 주어진 규칙 안에서 자신만의 춤을 추는 것에서 시작된다.

유 박사의 장사 처방전

김성환 사장님은 자유와 안정 사이에서 길을 잃었습니다. 하지만 두 가지를 모두 가질 수 있는 방법이 없는 것은 아닙니다. 프랜차이즈라는 정해진 악보 안에서, '김성환'이라는 이름의 명연주자가 되기 위한 처방전입니다.

처방 1 매뉴얼을 지배하십시오. 그래서 100%가 아닌 120%를 실행하십시오.

본사는 당신에게 100%를 요구하지만, 당신은 120%를 해내십시오. 그 20%의 차이가 당신의 자유 영역입니다.

'매뉴얼 장인'이 되십시오. 본사 매뉴얼이 '10분간 튀긴다'고 말하면, 당신은 초시계로 정확히 10분 00초를 지키십시오. '소스 50g'이라고 말하면, 전자저울로 50.0g을 계량하십시오. '청결 유지'라고 말하면, 당신이 대한민국에서 가장 깨끗한 '크리스피 킹덤 치킨' 매장을 만드십시오. 규칙을 지키는 것을 넘어 그 규칙을 예술의 경지로 끌어올리는 순간 그것은 더 이상 본사 규칙이 아닌, 당신만의 '완벽함'이라는 브랜드가 됩니다.

처방 2 제품이 아닌 서비스에서 당신의 색깔을 찾으십시오.

치킨 맛은 바꿀 수 없지만 당신의 친절과 정성은 바꿀 수 있습니다. 이것은 매뉴얼에 없는 당신만의 영역입니다.

당신만의 서비스 매뉴얼을 만드십시오. 모든 단골손님의 이름과 주문 패턴을 외우십시오. 본사에서 정해준 인사말 대신, 당신만의 진심이 담긴 인사를 건네십시오. 배달 포장 상자 위에 손글씨로 "오늘 하루도 고생 많으셨습니다!"라는 작은 메모를 붙여주십시오. 치킨 맛은 전국 어디나 똑같지만, 김성환 사장님의 치킨을 사는 경험은 전국에서 유일해야만 합니다. 제품이 아닌 당신의 진심을 파십시오.

처방 3 시스템의 빈틈을 당신의 무대로 만드십시오.

아무리 완벽한 시스템이라도 반드시 빈틈은 존재합니다. 그 빈틈이 바로 당신의 개성이 숨 쉴 공간입니다.

매뉴얼이 침묵하는 곳을 찾으십시오. 본사가 메뉴는 통제해도 당신 가게의 '음악 플레이리스트'까지 통제하지는 않습니다. 당신 가게만의 멋진 음악은 동네의 명물이 될 수 있습니다. 본사가 유니폼은 통제해도 당신 가슴에 달 작은 명찰의 문구까지 통제하지는 않습니다. '오늘의 추천 치킨: 월급날엔 역시 황금올리브' 같은 위트 있는 문구 하나가 당신 가게를 특별하게 만듭니다.

오늘의 꿈 한 줄 요약

가장 위대한 예술은, 정해진 규칙 안에서
가장 아름다운 자신만의 춤을 추는 것이다.

단골 할머니들의 사랑방이 된 동네 세탁소

상품 너머의 '외로움'을 채우고, 커뮤니티의 중심이 되어라

오늘의 가게

옷의 때가 아닌 마음의 때를 빼는 세탁소

아침 햇살이 골목을 비추는 시간, 우리는 기계 돌아가는 소리와 은은한 세제 향이 새어 나오는 '성실 세탁소' 앞에 섰다.

그런데 가게 안 풍경이 조금 이상했다. 세탁물을 맡기거나 찾아가는 손님보다 카운터 앞 작은 소파에 앉아 커피를 마시며 담소를 나누는 할머니들이 더 많았다. 가게 주인인 사장님은 그들의 대화를 들으며 빙그레 웃고 있을 뿐이었다.

"유 박사님, 여긴 세탁소인가요, 아니면 동네 사랑방인가요? 저렇게 손님 아닌 분들이 자리를 차지하고 있으면 장사에 방해가 될 것 같은데요."

유 박사는 고개를 저으며 말했다.

"작가님, 저분들이야말로 이 가게를 동네 1등으로 만든 VVIP 고객이자 가장 강력한 마케팅 부장들입니다."

"네?"

"이 가게는 옷의 얼룩을 빼주는 곳이 아닙니다. 바로 동네 어르신들의 외로움이라는 '마음의 얼룩'을 빼주는 곳이죠. 우리는 여기서, 서비스업의 궁극적인 본질, 즉 커뮤니티를 파는 법을 배우게 될 겁니다."

사장님의 웃픈 성공기

"저는 그냥 커피 한잔 대접했을 뿐입니다"

'성실 세탁소'의 오성실(55세, 가명) 사장님은 이름처럼 성실함이 온몸에 배어있는 사람이었다. 그는 20년간 한자리에서 묵묵히 세탁소를 운영해왔다. 하지만 대기업이 운영하는 프랜차이즈 세탁소와 24시간 코인 빨래방이 우후죽순 생겨나면서, 그의 작은 세탁소는 점점 설 자리를 잃어가고 있었다.

"기술로는 누구한테도 지지 않을 자신이 있었어요. 그런데 세상이 바뀌더라고요. 사람들은 최고의 품질보다 편리함과 저렴함을 더 중요하게 생각하기 시작했어요. 저는 그저 하루하루 폐업을 걱정하는 신세였죠."

그의 운명을 바꾼 것은 거창한 경영 전략이 아니었다. 추운 어느 겨울날 그가 무심코 베푼 작은 친절 하나였다.

"그날따라 유독 추웠는데, 단골 할머니 한 분이 얇은 블라우스 하나를 맡기러 오셨어요. 버스를 타고 오셨는지 얼굴이랑 손이 꽁꽁 얼어 있더라고요. 그걸 보고 마음이 짠해서 때마침 제가 마시려고 타 놨던 믹스커피 한 잔을 건넸습니다. '이거 한잔하시고 몸 좀 녹이세요' 하고요."

할머니는 괜찮다며 손사래를 치면서도, 그의 따뜻한 커피 한 잔에 얼었던 몸과 마음을 녹였다.

그리고 다음 날, 놀라운 일이 벌어졌다. 그 할머니가 옆집 사는 친구 할머니의 손을 잡고 다시 가게를 찾아온 것이다. 그렇다고 세탁물을 들고 온 것도 아니었다.

"할머니는 '어제 타준 커피가 그렇게 맛있을 수가 없었어' 하시면서 고맙다고 박카스 한 병을 내미시더라고요. 저는 얼떨결에 그분들께 또 커피를 타드렸고, 두 분은 30분 동안 이런저런 이야기를 나누다 가셨어요. 그때는 좀 당황스러웠죠. 장사는 안 하고 사랑방이 된 기분이었으니까요."

하지만 그 '사랑방'은 기적을 만들어냈다. 할머니들의 입소문은 그 어떤 전단지보다 빨랐다. 성실 세탁소에 가면, 다리 아플 때 쉬어갈 수 있다더라, 말동무 없는 노인네들한테도 친절하다더라, 소문은 꼬리를 물고 퍼져나갔다.

할머니들은 커피 한 잔을 얻어 마신 미안함에, 집에 있던 이불이며 커튼이며 온갖 세탁물을 다 들고 왔다. 자식들과 손주들한테까지 "세탁물은 무조건 성실 세탁소에 맡겨라"고 신신당부를 했다. 이제 그의 가게는 세탁소라는 기능을 넘어, 동네 어르신들의 외로움을 달래주고 서로의 안부를 묻는 '커뮤니티의 중심'이 되었다. 매출도 1년 만에 세 배가 넘게 뛰었다.

그는 쑥스러운 듯 웃으며 말했다.

"저는 대단한 걸 한 게 아닙니다. 그저 외로워 보이는 어르신께 따뜻한 커피 한 잔을 대접했을 뿐입니다. 게다가 사실은, 제가 받은 위로가 더 컸어요. 텅 빈 가게를 혼자 지키는 게 얼마나 외로웠는지 그분들이 오시고 나서야 실감하게 됐으니까요."

유 박사의 골목길 우화

사막의 두 샘물 이야기

메마른 사막 한가운데 두 개의 샘물이 있었다.

첫 번째 샘물은 세상에서 가장 맑고 시원한 물을 뿜어냈다. 그 주변은 아주 깔끔하게 정돈돼 있었고, "물만 마시고 빨리 떠나시오"라는 푯말이 붙어 있었다. 사막을 건너던 나그네들은 그 샘물 덕분에 갈증을 해결할 수 있었지만 아무도 그곳에 오래 머물지는 않았다.

두 번째 샘물의 물맛은 그저 평범했다. 하지만 샘물을 지키는 주인은 그 곁에 커다란 나무를 심어 그늘을 만들고, 나그네들이 편히 앉아 쉴 수 있도록 매끄러운 돌들을 가져다 놓았다. 그는 종종 샘물가에 앉아 물을 마시러 온 사람들과 이런저런 이야기를 나누곤 했다.

얼마 지나지 않아 놀라운 일이 벌어졌다. 첫 번째 샘물은 여전히 그냥 샘물이었지만, 두 번째 샘물 주변으로는 사람들이 모여들기 시작했다. 나그네들은 그 나무 그늘 아래에서 서로의 정보를 교환하고, 물물교환을 하며 작은 시장을 열었다. 그리고 시간이 더 흐른 뒤에는 그곳에 작은 마을이 형성되었고, 샘물은 마을의 중심이 되었다.

사람들이 진정으로 원했던 것은, 단순히 갈증을 해결해주는 '최고의 물'이 아니라, 잠시 쉬어가며 서로의 외로움을 달래줄 수 있는 '따뜻한 그늘'이었던 것이다.

유 박사의 장사 처방전

오성실 사장님은 자신도 모르는 사이에 장사의 가장 위대한 경지에 도달했습니다. 바로 상품이 아닌 '공간'과 '관계'를 파는 경지입니다. 당신의 가게를 동네 '사랑방'으로 만드는 구체적인 처방전입니다.

처방 1 당신의 상품 너머에 있는 '진짜 욕구'를 발견하십시오.

손님은 세탁을 맡기러 오는 게 아닙니다. 그들은 '깨끗해진 옷을 입고 기분 좋은 하루를 보내고 싶다'는 욕구를 해결하러 오는 겁니다. 할머니들은 커피를 얻어먹으러 오는 게 아닙니다. '누군가와 대화하며 외로움을 달래고 싶다'는 욕구를 해결하러 오시는 겁니다.

한번 스스로 질문해 보십시오. 당신의 주 고객은 누구입니까? 그들은 당신의 가게에 뭘 원하고 있을까요? 그들에게 가장 결핍된 것은 무엇일까요? 당신의 가게가 그 결핍을 채워줄 수 있는 방법은 없을까요? 이 질문에 대한 답 속에 당신 가게의 새로운 운명이 숨어있습니다.

처방 2 비용이 아닌 투자의 관점으로 공간을 설계하십시오.

오성실 사장님에게 믹스커피와 중고 소파는 비용이 아니라 할머니들의 마음을 얻기 위한 최고의 투자였습니다.

'머물고 싶은 이유'를 만드십시오. 당신의 가게에, 돈을 쓰지 않더라도 잠시 머물다 갈 수 있는 작은 이유를 만들어주십시오. 편안한 의자, 주인의 취향이 담긴 책 몇 권, 동네 소식을 전하는 작은 게시판, 혹은 그저 따뜻한 인사 한마디라도. 이런 작은 투자들이 당신의 가게를 단순히 스쳐 지나가는 곳에서 '자꾸만 가고 싶은 곳'으로 만듭니다.

처방 3 사장님이 먼저 '동네 정보 허브'가 되십시오.

커뮤니티의 중심이 된다는 것은, 그 동네의 모든 정보가 당신에게 모인다는 뜻입니다.

연결의 중심이 되십시오. 동네의 다른 가게들과 동맹을 맺으십시오. 세탁소에 온 손님에게 "오늘 저녁 반찬은 새로 생긴 저 반찬가게가 맛있어요"라고 추천해주고, 반찬가게 사장님에게는 세탁소를 추천해달라고 부탁하는 겁니다. 당신이 먼저 동네 상인들의 '스피커'가 되어줄 때, 모든 상인들도 당신의 스피커가 되어줄 것입니다.

사장님 자체가 콘텐츠가 되십시오. 손님들의 이름과 사소한 이야기를 기억해주십시오. "어머님, 지난번에 아드님 취직했다고 하셨는데,

회사는 잘 다닌대요?" 이처럼 당신이 먼저 인간적인 관심을 보여줄 때 손님들은 당신을 단순한 사장님이 아니라, 내 소식을 궁금해 하고 공유하고 싶은 친구로 여기게 될 겁니다.

오늘의 꿈 한 줄 요약

최고의 가게는 물건을 파는 곳이 아니라,
사람들이 모여들 이유가 있는 곳이다.

심야 책방

불편함을 '프리미엄'으로, 돈이 아닌 '가치와 취향'을 판매하라

오늘의 가게

세상에서 가장 불편하고 불친절한 서점

우리가 찾아간 서점은 이 책에 등장하는 모든 가게를 통틀어 가장 찾기 힘든 곳이었다. 간판도 없고, 낡은 건물의 3층이었다.

'이런 곳에 서점이 있다고?'

의심하며 삐걱이는 계단을 오르자, 굳게 닫힌 철문 하나가 우리를 막아섰다. 그리고 문에는 '고요 서점'이라는 작은 명패와 함께, 손으로 쓴 안내문이 붙어 있었다.

〈고요 서점 이용 규칙〉

오후 7시에 열고, 새벽 2시에 닫습니다.

베스트셀러는 팔지 않습니다.

휴대폰은 무음으로, 대화는 속삭임으로 부탁드립니다.

책 추천을 원하시면, 당신의 인생 이야기를 먼저 들려주셔야 합니다.

"유 박사님, 여긴… 장사를 하겠다는 겁니까, 말겠다는 겁니까? 베스트셀러도 안 팔고, 손님한테 인생 이야기까지 하라니요. 세상에서 가장 불편한 서점 같은데요."

유 박사가 미소를 지으며 질문을 열었다.

"작가님, 바로 그 불편함이 이 서점의 가장 강력한 무기입니다. 이곳은 책을 파는 곳이 아니라, 책을 통해 사람의 영혼을 만나는 곳이죠. 우리는 여기서, 돈을 버는 것을 포기함으로써 역설적으로 가장 큰 성공을 이룬 한 괴짜 사장님을 만나게 될 겁니다."

가게 안은 오래된 책과 나무 냄새, 그리고 짙은 커피 향으로 가득했다. 대략 1천여 권의 책들이 주인의 취향대로 분류돼 있었고, 손님 서너 명이 각자의 자리에 앉아 숨소리조차 들리지 않을 만큼 깊은 침묵 속에서 책을 읽고 있었다.

사장님의 웃픈 성공기

"저는 책이 아니라 시간을 팝니다"

'시크릿 서점'의 주인 한고석(41세, 가명) 씨는 전직 대기업 마케터였다. 숫자를 쫓고 사람들의 욕망을 자극하는 일에 염증을 느낀 그는 어느 날 모든 것을 버리고 자신의 꿈이었던 이 작은 책방을 차렸다.

"처음 1년은… 지옥이었습니다."

그가 우리 앞에 직접 내린 드립 커피를 놓으며 담담하게 말했다.

"저도 처음에는 다른 서점들처럼 베스트셀러를 들여놓고 할인 이벤트를 했습니다. 어떻게든 한 권이라도 더 팔아야 월세를 낼 수 있었으니까요. 하지만 대형 온라인 서점과는 경쟁이 되질 않았어요. 손님들은 제게 와서 책을 구경하고 사진만 찍은 뒤, 주문은 스마트폰으로 했습니다. 제 서점은 그저 '무료 쇼룸'일 뿐이었죠."

폐업을 고민하던 어느 날 밤, 그는 텅 빈 서점에 홀로 앉아 술을 마셨다. 그리고 취한 김에, 평소 자신이 하고 싶었던 모든 '미친 짓'을 해보기로 결심했다. '어차피 망할 거, 내 멋대로라도 한번 해보자!' 하는 심정이었다.

그는 다음 날, 서점의 모든 베스트셀러를 치워버렸다. 그리고 그 자리에 자신이 정말 사랑했던 책들, 아무도 알아주지 않는 시집과 철학책, 오래된 소설들을 채워 넣었다. 그리고 가게 입구에 우리가 보았던 그 '불편한' 이용 규칙을 써 붙였다. 특히 마지막 네 번째 규칙은 그가 던진 가장 큰 도박이었다.

'책 추천을 원하시면, 당신의 인생 이야기를 먼저 들려주셔야 합니다.'

"저는 더 이상 책을 설명하고 싶지 않았어요. 대신, 사람들의 이야기를 듣고 싶었습니다. 그 사람의 현재 고민과 상처, 꿈 이야기를 듣고 제 서재에 있는 책 중에서 지금 그 사람에게 가장 필요한 한 권의 '약'을 처방해주고 싶었죠."

결과는 놀라웠다. 처음에는 손님이 뚝 끊겼다. 하지만 시간이 지나자 이상한 소문이 퍼지기 시작했다.

"거기 가면, 책을 추천해주는 게 아니라 인생 상담을 해준다더라.", "사장님이 내게 딱 맞는 책을 골라줬는데, 다 읽고 나서 펑펑 울었어."

사람들은 더 이상 책을 사러오지 않았다. 그들은 자신의 상처를 치유받고 인생의 답을 찾기 위해, 그리고 무엇보다도 자신의 이야기를 들어줄 단 한 사람을 만나러 이 불편한 서점을 찾아왔다. 그는 책을 파는 대신 '내밀한 시간'과 '깊은 위로'를 팔았던 것이다.

그의 서점은 더 이상 다른 서점과 경쟁하지 않았다. 세상에 단 하나뿐인 대체 불가능한 공간이 되었다.

유 박사의 골목길 우화

세상에서 가장 느린 시계

어떤 마을에, 세상에서 가장 정확한 최첨단 디지털시계가 있었다. 그 시계는 1초의 오차도 없이 시간을 알려주었고, 모든 사람은 그 시계를 보며 바쁘게 움직였다.

그 시계 옆에는, 아주 낡고 느린 괘종시계가 있었다. 괘종시계는 가끔 멈추기도 했고, 시간도 잘 맞지 않았다. 사람들은 모두 낡은 시계를 비웃으며 곧 멈춰버릴 거라고 수군댔다.

어느 날, 마을에 큰 정전이 일어났다. 최첨단 디지털시계는 그 즉시 까만 화면으로 변해버렸다. 사람들은 시간을 알 수 없게 되자 불안에 떨었다.

바로 그때, 마을 광장에 "댕… 댕… 댕…" 하는 소리가 울려 퍼졌다. 낡은 괘종시계가 변함없이 자신만의 속도로 시간을 알리고 있었던 것이다. 그 깊고 부드러운 종소리를 듣는 순간, 사람들은 이상하게도 마음이 편안해지는 것을 느꼈다.

가장 위대한 가치는 세상의 속도에 맞추는 것이 아니라, 세상이 잃어버린 자신만의 속도를 묵묵히 지켜내는 것에서 나온다.

유 박사의 장사 처방전

한고석 사장님은 팔기를 포기함으로써 오히려 '팔지 않아도 팔리는' 경지에 도달했습니다. 이익이 아닌 가치를 좇는 모든 사장님들을 위한 처방전입니다.

처방 1 당신의 불편함을 프리미엄으로 만드십시오.

모두에게 친절할 필요는 없습니다. 당신의 가치를 알아주는 소수의 고객에게만 최고의 경험을 선사하십시오.

'가입 조건'을 만드십시오. 당신의 가게는 아무나 들어올 수 있는 곳이 아님을 선언하십시오. '시크릿 서점'의 이용 규칙처럼, 당신의 가게가 추구하는 가치를 명확히 하고, 그것을 지킬 사람만 받겠다는 자부심을 보여주십시오. 이 불편함이 오히려 당신 가게를 더 특별하게 만듭니다.

처방 2 상품이 아닌 취향과 경험을 파십시오.

당신이 파는 상품은 '인터넷 최저가'로 언제든 대체될 수 있습니다. 하지만 당신의 취향과 당신 가게에서의 경험은 절대 대체될 수 없습니다.

사장님이 큐레이터가 되십시오. 단순히 물건을 진열하지 마십시오. 당신이 왜 이 물건을 선택했는지, 이 물건에 어떤 이야기가 담겨 있는지, 당신의 안목과 철학을 보여주십시오. 손님들은 물건이 아니라 당신의 취향을 신뢰하고 구매하게 될 것입니다.

'시크릿 메뉴'를 만드십시오. 메뉴판에 없는, 오직 당신과 깊은 대화를 나눈 손님에게만 특별히 제공하는 메뉴나 서비스를 만들어보십시오. 이것은 손님에게 '나는 특별한 대접을 받았다'는 잊지 못할 경험을 선사합니다.

처방 3 이익보다 가치를 먼저 생각하십시오.

이것은 가장 어려운 길이지만, 가장 멀리 가는 길이기도 합니다.

당신의 '왜?'를 정의하십시오. 당신은 왜 이 일을 하는가? 돈을 버는 것 이상으로 당신이 이 가게를 통해 세상에 주고 싶은 가치는 무엇인가? 이 질문에 대한 답이 명확할 때, 당신은 단기적인 이익에 흔들리지 않고 당신만의 길을 갈 수 있습니다. 그리고 바로 그 진정성에 사람들은 감동하고 기꺼이 지갑을 엽니다.

오늘의 꿈 한 줄 요약

가격 경쟁이라는 진흙탕을 벗어나라.
고객이 대체 불가능한 '시간'과 '위로'를 얻어간다고
느끼게 하는 것이 장사의 궁극적 기술이다.

은퇴 후 차린 노부부의 전집

효율보다 '지속 가능한 행복'을 목표로 인생 2막을 설계하라

오늘의 가게

돈을 벌지 않는 이상한 가게

해가 저문 저녁, 우리는 새로 생긴 신도시의 한적한 상가 골목을 찾았다. 화려한 네온사인들 사이로 유독 작고 따뜻한 불빛을 내는 가게 하나가 눈에 띄었다. 가게 이름은 '오고가며 전 한 장'. 가게 안에서는 백발이 성성한 노부부가 서로에게 기대듯 의지하며 느릿느릿 전을 부치고 있었다.

"유 박사님, 이곳은… 우리가 지금까지 만나온 가게들과는 분위기가 사뭇 다릅니다. 성공을 향한 치열함보다는, 어떤 평온함 같은 것이 느껴지네요."

유 박사는 가게 안에서 흘러나오는 고소한 기름 냄새를 맡으며 말했다.

"맞습니다, 작가님. 이곳은 성공이 목표가 아닌 가게입니다. 그래서 역설적이게도 가장 이상적인 성공의 모습을 보여주고 있죠. 우리는 여기서, 돈을 버는 것 너머에 있는 '장사의 진짜 의미'를 발견하게 될 겁니다. 인생의 마지막 페이지에서 가장 빛나는 꿈을 시작한 두 분의 이야기입니다."

가게 안은 단골손님 서너 명이 전부였지만 그들은 마치 자신의 할아버지, 할머니 댁에 온 것처럼 편안하게 막걸리잔을 기울이고 있었다. 노부부는 손님들과 그리고 서로와 눈을 맞추며, 세상에서 가장 행복한 표정으로 전을 부치고 있었다.

사장님의 웃픈 성공기

"우리는 이제야 진짜 우리를 위해 삽니다"

'오고가며 전 한 장'의 주인은 평생을 교직에 몸담았던 남편 김진수(72세, 가명) 할아버지와, 평생을 전업주부로 살았던 아내 이영희(70세, 가명) 할머니 부부였다. 두 분은 은퇴 후 무료한 시간을 보내다가 1년 전 큰 용기를 내어 이 작은 가게를 열었다.

"다들 미쳤다고 했지."

김진수 할아버지가 허허 웃으며 막걸리 한 잔을 내밀었다.

"이 나이에 무슨 고생을 사서 하냐고. 자식들도 다 뜯어말렸어요. 하지만… 아내랑 저, 평생을 남을 위해서만 살았거든요. 저는 학생들을 위해, 아내는 자식들을 위해. 정작 우리 둘을 위한 시간은 한 번도 없었던 것 같아요. 그래서 더 늦기 전에 딱 우리 둘이 좋아하는 것만 하면서 살아보자고 약속했습니다."

두 분이 가장 좋아했던 것은, 비 오는 날 막걸리 한잔에 전을 부쳐 먹는 것이었다. 그렇게 시작된 가게는 처음부터 돈이 목표가 아니었다.

"우리는 하루에 딱 스무 팀의 손님만 받습니다. 더 받으면 우리가 힘들어서 손님들에게 웃는 얼굴로 대할 수가 없거든. 재료도 그날그날 시장에서 우리가 먹고 싶은 만큼만 사 와요. 그래서 재료가 일찍 떨어지면 그냥 문을 닫아버립니다."

그들의 장사 방식은, 효율성을 중시하는 경영학의 관점에서는 0점짜리였다. 하지만 행복의 관점에서는 100점짜리였다.

아내 이영희 할머니가 조용히 말을 이었다.

"젊었을 때는 돈 때문에, 자식 때문에 참 많이도 싸웠어요. 그런데 이 가게를 시작하고 나서는 한 번도 싸운 적이 없어요. 남편이 전을 부치면, 내가 옆에서 막걸리를 따르고. 서로 말없이 눈만 마주쳐도 '당신, 오늘 고생 많았소' 하는 마음이 다 전해져요. 평생을 같이 살았는데, 요즘 들어서야 이 사람이 내 진짜 '짝꿍'이구나 싶어요."

그들의 가게는 단순히 전을 파는 곳이 아니었다. 그곳은 두 사람이 70평생 처음으로 함께 꾸는 '꿈의 놀이터'였다. 그들의 행복한 에너지는 손님들에게도 고스란히 전해졌다. 젊은 손님들은 그들의 가게에 와서 전 맛뿐만 아니라 두 분의 따뜻한 사랑과 여유를 배우고 돌아갔다.

어느 날 한 젊은 단골손님이, 가게에 앉아 하염없이 눈물을 흘렸다고 한다. 직장에서 억울한 일을 당하고 온 날이었다. 이영희 할머니는 아무것도 묻지 않고 그저 따뜻한 김치전 한 장을 그의 앞에 놓아주었다.

"그 청년이 가면서 그러더라고요. '할머니, 오늘 할머니가 부쳐주신 이 전 한 장이, 세상 그 어떤 위로의 말보다 더 따뜻했습니다' 하고요. 그때 알았어요. 아, 우리가 지금 정말 가치 있는 일을 하고 있구나. 우리는 그냥 전을 부치는 게 아니라, 사람들의 허기진 마음을 데워주고 있었던 거구나."

유 박사의 골목길 우화

산 정상의 두 깃발

높고 험준한 산 정상에는, 두 개의 깃발이 꽂혀 있었다.

첫 번째 깃발은 '승리'의 깃발이었다. 한 젊은 등반가가 목숨을 걸고 남들보다 더 빨리, 더 높이 올라가기 위해 경쟁하며 꽂은 깃발이었다. 그 깃발은 바람에 펄럭이며 그의 위대한 업적을 자랑했지만, 어딘가 모르게 외로워 보였다.

두 번째 깃발은 '추억'의 깃발이었다. 한 노부부가 평생을 함께 한 서로를 의지하며 아주 천천히, 그리고 함께 산을 오르며 꽂은 깃발이었다. 그 깃발 옆에는 그들이 함께 마셨던 따뜻한 차 한 잔과, 서로를 바라보며 웃는 사진 한 장이 놓여 있었다.

어느 날 거센 폭풍이 산을 덮쳤다. '승리'의 깃발은 바람의 기세를 이기지 못하고 꺾여 날아가 버렸다. 하지만 '추억'의 깃발은 두 사람이 함께 쌓아 올린 작은 돌탑에 기대어, 묵묵히 자리를 지켰다.

가장 오래 남는 것은 가장 높이 올라간 기록이 아니라, 함께 걸어온 길 위에 새겨진 따뜻한 발자국이다.

유 박사의 장사 처방전

노부부의 가게는, 우리 모두가 장사를 통해 궁극적으로 얻고 싶어 하는 행복의 본질을 보여줍니다. 인생 2막에서 새로운 꿈을 꾸는 모든 사장님들을 위한 처방전입니다.

처방 1 이익이 아닌 '의미'를 장사의 목표로 삼으십시오.

돈은 당신이 하는 일의 결과일 뿐, 목표가 되어서는 안 됩니다.

당신만의 '왜?'를 찾으십시오. 당신은 왜 이 일을 합니까? 이 가게를 통해 당신이 세상에, 그리고 당신 자신에게 주고 싶은 진짜 가치는 무엇입니까? 행복, 보람, 관계, 성장. 이 추상적인 단어들을 당신만의 이야기로 정의하십시오. 이 '의미'라는 돛이 있다면, 당신의 작은 배는 매출이라는 파도에 흔들리지 않고 항해할 수 있습니다.

처방 2 효율보다 '지속 가능성'을 중요하게 생각하십시오.

빨리 가는 것보다 중요한 것은, 지치지 않고 오래 가는 것입니다.

당신만의 속도를 정하십시오. 노부부처럼, 당신의 체력과 행복이 허락하는 만큼만 일하십시오. 하루 8시간만 일하고 저녁이 있는 삶을 살기로 결심했다면, 그것이 당신 가게의 가장 중요한 규칙이자 철학이 됩니다. 돈을 더 벌기 위해 당신의 삶을 희생하지 마십시오. 장사는 단거리 경주가 아니라, 평생을 즐겨야 하는 마라톤입니다.

처방 3 당신의 인생 자체를 가장 강력한 메뉴로 만드십시오.

당신이 살아온 세월, 당신이 겪은 경험, 당신의 주름진 미소. 그 모든 것이 다른 가게는 절대 흉내 낼 수 없는 당신만의 '시그니처 메뉴'입니다.

당신의 이야기를 들려주십시오. 당신이 왜 이 가게를 열게 되었는지, 손님들에게 진솔하게 이야기하십시오. 당신의 인생 이야기는 가게를 찾는 손님들에게 단순한 음식을 넘어, 깊은 공감과 위로를 주는 최고의 서비스가 될 것입니다.

오늘의 꿈 한 줄 요약

장사란 결국 숫자의 문제가 아니라,
돈으로도 살 수 없는 나만의 행복을 어떻게 꾸려나가느냐다.

데이터 홍수 속 옷 가게

'감'이 아닌 데이터 속에서, 변하지 않는 '북극성 지표'를 찾아라

오늘의 가게

숫자는 넘치는데, 길은 보이지 않는 가게

우리의 이번 탐방지는 놀랍게도 가게가 아니었다. 노트북 화면 속에 존재하는 온라인 쇼핑몰 '민지네 옷장'. 20대 여성들을 타겟으로 한 트렌디한 옷들을 판매하는 곳이었다.

쇼핑몰의 메인 화면은 감각적인 사진과 화려한 이벤트 배너로 가득했고, 실시간 판매 랭킹에는 'SOLD OUT' 표시가 심심치 않게 보였다. 겉보기에는 아주 잘 나가는 성공적인 온라인 스토어였다.

"유 박사님, 이번엔 온라인 쇼핑몰입니까? 역시 시대의 흐름을 놓치지 않으시는군요. 그런데 이 가게의 문제는 무엇인가요? 아주 장사가 잘 되는 것 같은데요."

유 박사는 노트북 화면에 떠 있는 복잡한 그래프와 숫자들을 가리켰다.

“작가님, 이 숫자들을 보십시오. 이건 성공의 증거가 아니라 길 잃은 조난 신호입니다. 우리는 여기서, 최첨단 디지털 도구를 손에 쥐고도 정작 어디로 가야 할지 몰라 헤매는 한 젊은 사장님을 만나게 될 겁니다. 그리고 감(感)이 아닌 데이터 속에서 ‘진짜 돈 되는 길’을 찾는 법을 배우게 되겠죠.”

사장님의 웃픈 성공기

“저는 데이터의 노예입니다”

화상 통화로 만난 ‘민지네 옷장’의 김민지(29세, 가명) 사장님은 젊고 똑 부러지는 인상의 소유자였다. 그녀는 대학에서 패션 디자인을 전공하고 졸업과 동시에 온라인 쇼핑몰 창업에 뛰어들었다. 그리고 타고난 감각과 SNS 활용 능력으로 빠르게 쇼핑몰을 성장시켰다.

“처음에는 정말 재미있었어요. 제가 고른 옷들이 팔려나가고, 고객들이 ‘민지님 안목 최고!’라는 리뷰를 남겨줄 때마다 세상을 다 가진 기분이었죠. 그런데 문제는… 가게가 커지면서부터 시작됐어요.”

그녀는 더 체계적인 운영을 위해 최신 판매 데이터 분석 툴과 고객 관리 프로그램(CRM)을 도입했다. 어떤 옷이 몇 시에 몇 개 팔렸는지, 어떤 고객이 무엇을 검색했는지, 어떤 광고를 보고 들어왔는지… 그녀의 노트북에는 매일같이 엄청난 양의 데이터가 쏟아져 들어왔다.

“데이터가 너무 많으니까 오히려 뭘 봐야 할지 모르겠더라고요. 오늘은 A 상품이 잘 팔렸다고 해서 재고를 늘려놓으면, 다음 날은 갑자기 B 상품 주문이 폭주해요. 광고비를 쏟아부었는데도 매출은 그대로일 때도 있고… 매일같이 널뛰는 숫자들을 보면서 천국과 지옥을 오갑니다. 마치 데이터의 노예가 된 기분이에요."

그녀는 차라리 '감'으로 장사하던 시절이 그리웠다. 그때는 최소한 마음은 편했다. 하지만 이제 그녀는 숫자의 압박감 속에서 길을 잃고 있었다. 어떤 결정도 확신을 갖고 내리지 못했다.

"어떤 전문가는 고객 데이터가 중요하다고 하고, 또 누구는 '광고 효율'이 중요하다고 해요. 누구 말이 맞는 거죠? 이 수많은 숫자들 속에서, 제가 진짜 봐야 할 단 하나의 숫자는 대체 무엇일까요? 저는 이제 숫자가 무서워요, 박사님."

유 박사의 골목길 우화

별을 보며 길을 잃은 항해사

옛날, 밤하늘의 별자리로 길을 찾는 똑똑한 항해사가 있었다. 그의 배에는 세상의 모든 별자리가 그려진 최첨단 항해도가 있었다. 그는 매일 밤 수천 개의 별들을 관찰하고 그 위치를 계산하며 배를 몰았다.

그런데 이상하게도 그의 배는 늘 목적지에 늦게 도착하거나 엉뚱한 곳으로 가기 일쑤였다. 그는 불평했다.

"이 놈의 별들은 왜 이렇게 복잡하고 변덕스러운 거야! 내 계산은 완벽한데 말이야!"

어느 날 밤, 폭풍우가 몰아쳐 하늘의 많은 별들이 구름에 가려졌다. 항해도는 아무런 쓸모가 없게 되었고 항해사는 절망에 빠졌다.

그때 배의 가장 늙은 선원이 그의 어깨를 두드리며 말했다.

"선장님, 하늘의 모든 별을 다 보려 하지 마십시오. 폭풍우 속에서도 길을 잃지 않으려면 딱 하나의 별만 보면 됩니다. 바로 저기, 언제나 같은 자리를 지키고 있는 북극성 말입니다."

항해사는 그제야 깨달았다. 자신이 수많은 별들의 현란한 움직임에 현혹되어 가장 중요하고 변하지 않는 단 하나의 별을 놓치고 있었다는 사실을.

가장 위대한 지혜는 모든 것을 아는 것이 아니라, 가장 중요한 것 하나를 놓치지 않는 것이다.

유 박사의 장사 처방전

김민지 사장님은 데이터라는 망망대해 속에서 길을 잃었습니다. 그녀에게 필요한 것은 더 많은 데이터가 아니라, 그 속에서 진짜 '북극성'을 찾아내는 지혜입니다. 디지털 시대 사장님들을 위한 데이터 활용 처방전입니다.

처방 1 **모든 숫자를 보려 하지 말고, 당신의 북극성 지표를 찾으십시오.**

모든 데이터가 똑같이 중요하지는 않습니다. 당신의 가게가 지금 어떤 단계에 있는지, 가장 시급한 목표가 무엇인지에 따라 집중해야 할 지표는 달라집니다.

질문하십시오. 지금 당신 가게의 가장 큰 문제는 무엇입니까? 신규 고객 확보입니까? 아니면 기존 고객의 재구매율을 높이는 것입니까? 혹은 객단가를 높이는 것입니까? 당신의 '핵심 질문'을 먼저 정의하십시오.

단 하나의 '북극성 지표(North Star Metric)'를 설정하십시오. 당신의 핵심 질문에 답을 줄 수 있는 가장 중요한 지표 하나를 정하십시오. 그리고 다른 모든 데이터는 이 북극성 지표를 개선하기 위한 '조연'으로만 활용하십시오. 수많은 별들 대신 북극성만 따라가면 길을 잃지 않습니다.

처방 2 **평균의 함정에 빠지지 말고 고객의 얼굴을 보십시오.**

데이터는 경향을 보여줄 뿐 진실을 말해주지 않습니다.

숫자 뒤에 숨은 '사람'을 찾으십시오. 당신 가게에서 가장 많이 구매하는 VIP 고객 10명의 구매 패턴을 직접 분석해보십시오. 그들은 어떤 상품을 함께 구매하는가? 어떤 채널을 통해 들어오는가? 어떤 리뷰를 남기는가? 1000명의 평균 데이터보다 10명의 '찐팬' 데이터가 훨씬 더 정확하고 값진 통찰을 줍니다.

데이터가 설명하지 못하는 것은 직접 물어보십시오. 왜 고객들이 특정 상품을 장바구니에 담고도 구매하지 않는지 데이터는 알려주지 못합니다. 그 고객들에게 직접 메일을 보내거나 작은 설문조사를 통해 물어보십시오. 때로는 가장 단순한 질문이 가장 위대한 답을 가져다줍니다.

처방 3 데이터를 결과 보고서가 아닌 실험 노트로 활용하십시오.

데이터는 당신의 과거를 평가하는 성적표가 아니라, 당신의 미래를 더 좋게 만들기 위한 나침반입니다.

가설을 세우고 실험하십시오. "만약 상세 페이지의 첫 번째 사진을 바꾸면, 구매 전환율이 10% 오를 것이다" 와 같은 작은 가설을 세우십시오. 그리고 A/B 테스트 등을 통해 그 가설을 검증하십시오. 성공하면 성공 데이터를 얻는 것이고, 실패하면 '이 방법은 효과가 없구나'라는 더 값진 실패 데이터를 얻는 것입니다.

완벽한 분석을 기다리지 말고, 빠르게 실행하고 빠르게 배우십시오. 디지털 시대의 성공은 완벽한 계획이 아니라 빠른 실행과 학습 능력에 달려있습니다. 실패 데이터야말로 당신을 성장시키는 최고의 스승입니다.

오늘의 꿈 한 줄 요약

데이터는 당신의 주인이 아니라, 당신의 꿈을 향한 길을 밝혀주는 충실한 '지도'일 뿐이다. 지도를 읽는 눈을 길러라.

인생 맛집 할머니의 은퇴 선언

장사의 완성, 아름다운 퇴장과 전수

오늘의 가게

40년 세월이 녹아든 마지막 국물

우리가 도착한 곳은 재개발을 앞둔 낡은 골목의 끝자락, 빛바랜 간판의 '평화 곰탕'이었다. 평소처럼 손님들로 북적였지만, 가게 입구에는 평소와 다른 작은 대자보 하나가 붙어 있었다.

'40년 동안 과분한 사랑을 받았습니다. 오는 12월 31일부로 평화 곰탕은 문을 닫습니다. 그동안 감사했습니다. - 주인 김영자 올림'

"유 박사님, 드디어 마지막 가게군요. 그런데 마지막이 은퇴라니, 왠지 마음이 짠합니다. 이 유명한 맛집을 그냥 닫으신다니, 권리금만 해도 어마어마할 텐데 말이죠?"

유 박사는 가게 안에서 손님들에게 일일이 눈을 맞추며 국물을 떠주시는 할머니를 바라보며 나지막이 말했다.

"작가님, 장사꾼에게 가장 어려운 기술은 돈을 버는 게 아니라 '박수칠 때 떠나는 것'입니다. 그리고 그보다 더 위대한 것은 자신의 영혼이 담긴 맛을 '돈이 아닌 가치'로 이어가는 것이죠. 오늘 우리는 장사의 마지막 단계인 '유산'에 대해 이야기하게 될 겁니다."

사장님의 웃픈 성공기

"돈보다 무거운 것은 사람의 입맛입니다"

김영자(74세, 가명) 할머니는 이 곰탕 한 그릇으로 삼 남매를 대학 보내고 장가들였다. 수차례 가게를 넘기라는 프랜차이즈 업체의 제안도 받았지만 할머니는 고개를 저었다.

"내 손맛이 공장에서 찍어내는 가루가 되는 꼴은 못 봐요. 그건 나를 믿고 40년 동안 찾아준 손님들에 대한 배신이지. 돈이야 먹고 살 만큼 벌었으니 됐고, 다만 이 국물 맛이 내가 죽으면 사라진다고 생각하니 그게 참 잠이 안 오더라고."

그 후, 할머니는 권리금을 포기하는 대신 자신의 맛을 온전히 이어갈 사람을 꼬박 1년간 찾았다. 그리고 나타난 사람이 바로 20대 청년 박준호(27세, 가명) 씨였다. 대기업 취업에 성공하고도 할머니의 곰탕 맛에 반해 매일같이 찾아와 무보수로 일을 배우겠다고 고집을 부리던 청년이었다.

"이 녀석 눈을 보니 예전의 나를 보는 것 같더라고. 단순히 돈을 벌고 싶어하는 게 아니라, 이 국물 한 그릇이 주는 위로를 지키고 싶어

하는 마음. 나는 결심했어. 권리금 한 푼 안 받고 내 모든 비법과 이 낡은 가마솥을 통째로 넘겨주기로."

할머니는 이제 은퇴 후 조용한 시골로 내려갈 준비를 하신다. 하지만 '평화 곰탕'은 준호 씨를 통해 또 다른 골목에서 다시 시작될 것이다. 할머니의 40년은 사라지는 것이 아니라 청년의 열정을 타고 새로운 40년으로 이어지고 있는 중이었다.

유 박사의 골목길 우화

거장의 붓을 물려받은 제자

옛날 어느 나라에 세상에서 가장 아름다운 그림을 그리는 노화가가 있었다. 그의 그림은 마치 살아있는 것처럼 생생해서 누구나 그의 그림을 탐냈다. 그러나 시간이 흐르자 화가는 눈이 침침해졌고 더 이상 붓을 들 힘도 없게 되었다.

세상의 내로라하는 부자들이 황금을 싸 들고 찾아와 그의 붓과 비법을 알려달라고 했다. 하지만 화가는 그들을 모두 뿌리쳐 돌려보냈다.

그러던 어느 날, 한 가난한 청년이 찾아와 화가의 마당을 쓸고 물을 길으며 묵묵히 그의 곁을 지켰다. 청년은 단지 화가가 그림 그리는 모습만을 지켜볼 뿐이었다.

화가가 은퇴하는 날, 그가 청년을 불러 자신의 낡은 붓 하나를 건네주며 말했다.

"이 붓은 황금으로 산 것이 아니다. 내가 평생 동안 이 붓에 담았던 '세상을 바라보는 따뜻한 시선'을 너에게 주는 것이다. 비법은 내 손끝에 있는 게 아니라, 네가 마당을 쓸 때 보았던 저 들꽃의 아름다움을 잊지 않는 마음에 있단다."

청년은 그 붓을 받아 화가의 정신을 이어갔고, 화가는 며칠 후 평온한 얼굴로 눈을 감았다. 사람들은 화가가 떠난 뒤에도 청년의 그림을 바라보며 여전히 죽은 화가를 추억했다.

진정한 장인은 작품보다 그 작품을 이룩한 정신을 이을 사람을 남긴다.

유 박사의 장사 처방전

김영자 할머니의 은퇴는 장사의 끝이 아니라 '완성'입니다. 오랫동안 가게를 일궈온 모든 사장님, 그리고 장사의 마지막을 고민하는 분들을 위한 처방입니다.

처방 1 출구 전략은 가장 전성기 때 세우십시오.

가게가 망해서 문을 닫는 것은 폐업이지만, 성공했을 때 정리하는 것은 완성입니다. 내 가게의 가치가 가장 높을 때, 누구한테 어떻게 이 가치를 넘길 것인지 미리 고민하십시오. 그것이 자식이든 제자든 혹은 사회적 환원이든 상관없습니다. 당신의 세월을 헐값에 넘기지 말고, 가치 있게 전수할 방법을 찾는 것이 마지막 경영자의 임무입니다.

처방 2 비법이 아닌 철학을 전수하십시오.

레시피는 종이 한 장에 정리할 수 있지만, 사장님의 마음은 적을 수 없습니다.

후계자에게 요리법만 가르치지 말고 손님을 대하는 태도, 재료를 고르는 고집, 위기를 극복했던 마음가짐을 전하십시오. 사장님이 없어도 손님이 "아, 예전의 그 맛, 그 느낌 그대로네!"라고 느낀다면, 당신의 장사는 영원히 살아있는 것입니다.

처방 3 당신의 인생 2막을 위해 기쁘게 장사를 놓아주십시오.

장사는 인생의 전부가 아니라, 인생을 풍요롭게 만드는 과정입니다.

가게 문을 닫는 순간, 사장님이라는 직함도 내려놓으십시오. 그동안 고생한 자신을 위해 박수를 쳐주고, 장사하느라 하지 못했던 일들을 시작하십시오. 당신이 행복하게 은퇴하는 모습이야말로 당신의 가게를 사랑했던 손님들에게 줄 수 있는 마지막 선물이자 희망입니다.

오늘의 꿈 한 줄 요약

장사는 결국 사람의 마음속에 당신의 이름 석 자 대신
'맛있는 기억' 하나를 심어놓고 떠나는 아름다운 여행이다.

| PART 4 | 정리 노트

돈보다 큰 가치 리셋, 당신의 장사는 무엇을 남겼나?

장사를 시작할 때 대부분의 사람은 같은 말을 한다. 돈을 벌고 싶다고. 먹고살기 위해서라고. 조금은 여유 있는 삶을 원한다고.

그렇다. 장사는 돈을 벌기 위한 행위다. 문제는 어느 순간부터 그것이 전제가 되어버린다는 데 있다. 돈을 벌어야 한다는 것이 모든 판단의 기준이 되면 그다음부턴 다른 모든 의미가 실종되고 장사의 모습도 점점 퇴색된다.

처음에는 시간을 쓰는 일이, 그다음에는 시간을 빼앗기는 일이 되고, 마지막에는 시간을 잃어버린 일이 된다.

"조금만 더 버티면 괜찮아질 거야", "지금은 어쩔 수 없어", "이 정도는 다들 참잖아" 이 말들은 모두 돈을 벌기 위한 말처럼 보이지만, 실제로는 자기 삶을 뒤로 미루는 말들이다.

매출은 숫자로 보지만 시간은 그냥 지나간다. 이익은 따지지만 피로는 그냥 견딘다. 돈은 남았는지 확인하지만, 마음은 언제부터 무너졌는지 돌아보지 않는다. 그리고 이때부터 장사는 돈을 버는 일이 아니라 다른 것들을 묵묵히 지불하고 희생하는 일이 된다.

가장 크게 지불하는 것은 시간이 아니다. 체력도 아니다. 선택권이다. 오늘 쉬고 싶어도 쉴 수 없고, 싫은 관계여도 끊지 못하고, 틀렸다고 느껴도 방향을 바꾸지 못한다. 그래서 돈을 벌기 위해 시작한 일이 어느 순간부터 돈 때문에 멈출 수 없는 일이 된다. 장사의 가장 위험한 지점이다.

이쯤에서 한 번쯤 반드시 질문해봐야 한다. 나는 지금 무엇을 벌고 있는가? 얼마를 벌고 있는가도, 언제까지 벌 것인가도 아니다. 이 장사를 하며 나는 어떤 삶을 누리고 있는가에 대한 질문이다.

어떤 사람은 돈을 벌면서 불안을 벌고 있다. 어떤 사람은 매출을 키우면서 자기 검열을 키우고 있다. 어떤 사람은 가게를 유지하면서 관계를 소모하고 있다. 겉으로 보면 모두 장사를 하고 있지만 속으로 벌고 있는 것은 전혀 다르다. 문제는 이 계산을 아무도 가르쳐주지 않는다는 점이다.

우리는 늘 성공과 실패로만 장사를 평가한다. 하지만 장사에는 그보다 훨씬 중요한 결과가 있다. 이 장사를 통해 나는 더 자유로워졌는가, 선택이 늘어났는가, 아니면 선택할 수 없는 사람이 되었는가?

여기서 '돈보다 큰 가치'라는 말은 추상적인 위로가 아니다. 그건 아주 현실적인 계산이다.

하루를 스스로 결정할 수 있는가, 싫은 일을 거절할 수 있는가, 방향이 틀렸다고 느낄 때 멈출 수 있는가. 이것들이 없다면 돈이 아무리 남아도 그 장사는 성공했다고 말하기 힘들다.

당연히 어느 시점에서 장사를 멈출 수도 있다. 장사를 그만둔다고 말하는 순간, 사람들은 이유를 묻는다. 왜 더 버티지 않았는지, 왜 다른 방법을 찾지 않았는지, 왜 포기했는지.

장사를 접는 일은 대부분의 경우 단 한 번의 선택이 아니라 이미 끝나버린 시간을 인정하는 일에 가깝다.

포기는 흔히 의지의 부족으로 오해된다. 조금만 더 참았으면, 조금만 더 버텼으면 결과가 달라졌을 거라는 말이 따라온다. 그러나 장사는 의지로만 유지되지 않는다. 의지가 작동할 수 있는 구조와 여력이 함께 있어야 한다. 이미 버틸 여력이 없고, 내일을 상상할 수 없으며, 책임을 회피하는 선택만 남아 있다면 그 상태에서의 지속은 용기가 아니라 방치다.

PART 4의 가게들은 공통적으로 한 가지를 보여준다. 끝내는 순간보다 끝내지 못하고 버티던 시간이 더 위험했다는 사실이다. 가게보다 먼저 사람이 닳아 말라가고, 선택이 아니라 습관으로 하루를 넘기며, 사장은 더 이상 판단하는 사람이 아니게 된다.

이때의 포기란 자기 판단권을 되찾는 일이다. 그것은 용기의 문제도, 결단력의 문제도 아니다. 자신이 장사를 통해 무엇을 벌고 있었는지 끝까지 계산한 사람만이 가질 수 있는 태도다.

가치를 다시 계산해보면 어떤 선택은 명확해진다. 계속하는 행위가 돈은 벌어도 삶을 줄이고 있다면 그건 유지가 아니라 소모다. 반대로 포기라는 선택이 당장의 수입은 줄여도 삶의 방향을 되찾는 계기가 된다면 그건 실패가 아니라 재정렬이다.

부끄럽지 않게 "여기까지가 내가 벌 수 있는 최선이었어."라고 말할 수 있다면, 그 장사는 전혀 실패가 아니다.

중요한 건 어떻게, 무엇을 남기고 끝내느냐다. 사람을 적으로 만들지 않았는지, 자신을 속이지 않았는지, 다음 행보에서 같은 실수를 반복하지 않을 교훈을 얻었는지가 중요하다.

가게는 사라질 수 있다. 하지만 장사를 하며 만들어진 판단의 기준은 그 사람의 다음 선택에 확실한 영향을 끼친다.

그래서 이 책은 함부로 성공을 말하지 않는다. 실패도 말하지 않는다. 대신 이 질문만 남긴다.

"이 장사를 통해 나는 어떤 사람이 되었는가?"

이 질문에 스스로 답할 수 있다면, 당신의 장사는 이미 돈 이상의 가치를 벌어들인 것이다.

당신의 '장사의 꿈'을 응원하며

30개의 가게, 30개의 인생. 유 박사와 함께한 여정이 끝났다.

해 질 녘 노을이 물든 고속도로 위, 우리는 서울로 돌아오고 있었다. 나는 차창 밖으로 스쳐가는 풍경을 바라보며, 이 여행을 처음 시작하던 때의 나를 떠올렸다. '성공 비법' 신기루를 좇아 허둥대던 지치고 냉소적이었던 나를.

성공하는 법을 배우기 위해 길을 나섰지만 정작 길 위에서 발견한 것은 화려한 기술이나 대박 마케팅이 아니었다. 아침마다 미소 띤 얼굴로 가게 문을 열고 손님을 맞는 사장의 마음, 포기하지 않는 용기, 자기 장사에 대한 뜨거운 열정이었다.

"나는 나대로 혀!"라며 웃던 국숫집 할머니의 자존심, 손님 응대를 힘들어하던 젊은 카페 사장의 진솔한 고백, 빚더미 속에서도 다시 김치찌개를 끓여내던 늙은 가장의 눈물, 평생 납품용 쿠키를 굽다가 마침내 자기 이름을 내걸고 성공한 제과 장인의 감동. 그 모든 장면이 내 마음속에 선명했다.

고속도로의 불빛이 이어지는 가운데, 유 박사가 우리의 여정을 꿰뚫는 한마디를 했다.

"진짜 장사꾼은 자신의 즐거움을 파는 사람이 아닐까요? 그건 누구도 흉내 낼 수 없는 궁극의 시그니처 메뉴니까요."

이제, 이 책을 선택한 당신 차례다.

당신의 가게는 몇 호점인가? 당신의 '웃픈 성공기'는 무엇인가? 당신을 잠 못 들게 하는 고민은 무엇이고, 그럼에도 아침마다 다시 가게 문을 여는 이유는?

장사는 많은 것을 가르친다. 돈의 흐름, 사람의 마음, 운과 타이밍, 그리고 노력으로 해결되지 않는 영역이 분명히 존재한다는 사실까지. 그래서 장사는 의외로 겸손한 일을 요구한다. 다 안다고 우쭐대지 않는 태도, 모든 결과를 혼자 짊어지지 않으려는 자세, 그리고 때로는 물러나는 선택을 부끄러워하지 않는 마음.

이 책에 등장한 가게들은 성공한 가게도 있고, 끝내 문을 닫은 가게도 있다. 그러나 이 책이 말하고자 한 것은 성공과 실패의 구분이 아니다. 장사를 통해 어떤 태도를 갖게 되었는가다. 장사를 하며 사람을 잃었는지, 이해하게 되었는지. 자신을 알게 되었는지, 닳게 했는지. 망해서 가게가 사라져도 사람의 태도는 남는다.

이 책이 당신에게 뭔가를 하라고, 더 잘하라고 재촉하지 않았기를 바란다. 대신, 어떤 결정을 내리고 선택을 해야 할 때 작은 팁이라도 될 수 있다면 그것으로 족하다.

끝으로, 이 책의 모든 성과는 지난 오랜 시간 수많은 소상공인을 컨설팅해온 유 박사의 노고였음을 명확히 해둔다. 유 박사는 돈이나 상권 분석보다 사람의 마음을 먼저 읽는 '인문형 경영 컨설턴트'라 할 수 있다. 대박의 성공보다 지속적인 생존에 관심을 기울이는 그는 지금도 현장에서 '장사는 곧 인간 수업'이라는 메시지를 전하고 있다.

당신은 결코 혼자가 아니다. 이 땅의 수많은 골목에서 당신과 똑같은 꿈을 꾸고, 똑같은 눈물을 흘리며, 똑같은 희망을 품은 사람들이 오늘도 가게 문을 열고 있다.

부디 이 책이 당신의 여정에 작은 위로와 용기가 될 수 있기를, 나와 유 박사는 언제나 응원할 것이다.

새봄을 기다리는 2026년 1월.

장사의 꿈

초판 1쇄 | 2026년 1월 27일

지은이 | 김재옥
펴낸이 | 유동범
펴낸곳 | 도서출판 토파즈
출판등록 | 2006년 6월 26일 제313-2006-000137호

주 소 | 경기도 고양시 덕양구 용현로 49-10 102호
전 화 | 02-323-8105
이메일 | bestgate@naver.com

ISBN 978-89-92512-55-8 (03320)